추천사

서정훈 카카오스타일 대표

정보 획득은 물론 브랜딩과 판매 등 많은 활동이 온라인에서 일어난다. 마케터는 범람하는 정보 속에서 소비자와 사용자가 필요로 하는 콘텐츠를 적절하게 전달해야 하는 숙제를 안고 있다.

많은 영역에서 인공지능이 사람을 대체하는 것처럼 보이지만, '인간의 마음을 움직이는' 마케터의 역할은 여전히 중요하다. 이런 관점에서 디지털 마케팅의 본질과 마케터의 역할이 무엇인지를 명확하고 구체적으로 제시하는 책이다.

백영재 한국필립모리스 대표

디지털 마케팅이 모든 비지니스 활동에서 선택이 아닌 필수 요소가 되어가고 있는 지금, 이 책은 마케터가 어떤 시각으로 현재와 미래의 마케팅을 바라보아야 하는지에 대해 중요한 시사점을 던진다.

인공지능이 세상의 화두가 되면서 많은 사람이 데이터의 중요성을 맹신하지만, 데이터가 모든 문제를 해결해주지는 않는다. 앞으로도 인간의 '직관과 창의성'은 계속해서 성공적인 마케팅의 필수 요소가 될 것이며 인간으로서 마케터의 역량이 인공지능에 기반한 디지털 마케팅을 차별화하는 데 핵심적인 역할을 하게 될 것이다.

이 책은 너무나도 급격하게 변화하는 마케팅 환경에서 마케터가 어떠한 정체성을 가져가야 할지에 대해 많은 인사이트를 제공한다.

김도윤 크리테오코리아 대표

저자의 풍부한 실무 경험에서 나온 통찰력은 '이 시대 마케터가 어떻게 AI 엔진과 함께 성장해야 하는가'라는 질문에 가장 현실적인 답을 제시한다. 또한 역자의 예견대로 가까운 어느 날 '셀러들의 전성시대'가 도래하면, 퍼포먼스 마케팅을 준비하는 사람들에게 유용한 책이 되리라 확신한다.

이필성 샌드박스네크워크 대표

데이터와 머신러닝은 인간을 이해하고 취향을 예측하는 방식을 근본적으로 바꾸고 있다. 소비자를 정확하게 이해하기 위한 디지털 마케팅 기술은 꾸준히 발전해왔고, 이런 흐름은 콘텐츠 제작에도 접목되고 있다.

구글 애드워즈의 에반젤리스트였던 프레드릭 발레이스는 외부에 잘 알려지지 않은 생생한 경험담과, 성과 창출을 위한 마케터의 역할과 미래를 제시한다.

서가연 디즈니플러스 아시아태평양 마케팅 헤드

수많은 콘텐츠를 보유한 플랫폼을 성공적으로 만들기 위해서는 머신러닝을 통해 각 유저의 콘텐츠 취향을 파악하고 이를 저격하는 디지털 마케팅이 중요하다. 이 책은 마케터가 어떻게 인공지능 및 머신러닝과 협업하여 더 큰 성과를 낼 수 있는지에 대해 인사이트를 제공한다.

조세원 뤼이드 브랜드 총괄 상무

구글이 PPC라는 전혀 새로운 패러다임으로 광고 업계를 완전히 바꾸어 놓은 지도 20년이 넘어서고 있다.

단지 많은 사람에게 노출하기 위해 소위 '4대 매체'를 중심으로 값비싼 광고비를 부담하고도, 실제로 어떤 지면의 어떤 메시지가 더 많은 효과를 거두었는지 측정하기는 어려웠던 것이 과거의 마케터의 광고 매체 운영 방식이었다. 따라서 세밀한 매체 전략이나 정량적 분석보다는 크리에이티브가 차지하는 중요도가 높을 수밖에 없었고, 광고주의 감(感)이나 취향이 광고에 큰 영향을 미칠 수밖에 없는 구조였다. 지금은 실제 사용자의 반응과 매출로 연결되는 트래픽의 흐름을 보여주는 실무자의 분석이 광고 매체 전략에 반영되는 환경으로 바뀌고 있다.

현재 시장에는 기술에 대한 정확한 이해보다는 다분히 공상과학적이거나 사회과학적인 환상과 기대 혹은 우려가 뒤섞여 있다. 하지만 AI는 구글이 지금까지 만들어온 광고 생태계에서 최대한 단순 반복 작업을 줄이고 비용 투입과 매출의 상관관계에 대해 인간의 고정 관념과 시간적 한계를 넘어선 인사이트를 발견할 수 있도록 돕는 가장 고도화된 도구가 되었다.

퍼포먼스 마케팅은 비즈니스의 성장에서 핵심적인 역할을 하고 있음에도 불구하고, 디지털 마케터는 수많은 데이터를 일일이 검수하고 이를 최적화하기 위해 번거로운 수작업을 하며 과도한 업무량에 시달려왔다.

하지만 인공지능을 적극적으로 활용하여 소비자의 의도와 행동을 읽고 비즈니스 ROI를 극대화할 수 있는 의사이자 파일럿으로서의 새로운 가치 제안을 할 수 있다면, 마케터는 자신의 경력을 한 단계 업그레이드할 수 있는 강력한 무기를 손에 쥔 것과 다름없다.

인공지능을 이기는
디지털 마케팅

인공지능을 이기는
디지털 마케팅

퍼포먼스 마케터의 머신러닝 활용법

프레더릭 발레이스 지음 | 김천석 옮김

티움

서문 6

들어가며　인공지능은 인간을 뛰어넘을 수 있을까? 9 / 구글의 스마트 시스템 12

　　　　　머신러닝과 퍼포먼스 마케터의 협업 15 / 인공지능 마케팅을 위해 19

PART I　디지털 마케팅 테크놀로지

1. 인공지능과 디지털 마케팅

구글 애드워즈에서 제품 전문가가 되다 26 / 애드워즈의 성장 32

빅데이터와 머신러닝 37 / 경매, 입찰, 타깃팅 39

스마트 캠페인 46 / 기업가의 길 49

2. 머신러닝의 원리

무어의 법칙 52 / PPC 머신러닝 모델 53

PPC 광고에 적용된 머신러닝 61 / PPC 머신러닝의 현재 62

3. 마케터가 머신보다 잘할 수 있는 일

마케터의 역할 69 / 광고 소재 70 / 목표 설정 71 / 타깃 설정 75 / 측정과 성과 보고 78

광고주의 사업과 소비자를 연결하는 메시지 80 / 반복과 차별화 82 / 정보로서의 광고 85

고객 세그먼트 88 / 넓은 시야를 가져라 91 / 최적화와 제약 95

4. 머신이 마케터보다 잘할 수 있는 일

기하급수적으로 증가하는 복잡성 100 / 기여도 분석 모델 103 / 구글 애널리틱스 106

분석과 예측 108 / 입찰 관리 110 / 예산 자동화 117

PART II 디지털 마케터의 새로운 역할 3가지

5. 의사
마커스 웰비, 주치의 124 / 닥터 하우스, 법의학자 126

6. 파일럿
민항기 파일럿 135 / 전투기 파일럿 143

7. 교사
개발과 교육 155 / 빅쿼리 머신러닝 160 / 회귀분석 모델 164
감독 모델 165 / 강화 학습 166 / 품질지수 학습 168 / 머신러닝 모델 172

PART III 디지털 광고의 새로운 정의

8. 광고대행사의 가치 재정의
기존의 가치 제안은 이미 쇠퇴했다 179 / 가치 기반 가격 전략 184 / 승자독식 188
자동화할 것인가, 말 것인가? 190 / 필수적 보완재 193 / 상호 균형 195

9. 기본의 중요성
PPC의 기본 200 / 세부적인 타깃팅 202 / 마케팅 믹스의 여섯 번째 P : 심리 206
패턴 인식 210 / 문재해결 212

10. 최고의 팀 꾸리기
록스타와 프로세스 215 / 현재와 미래를 위한 필수 기술 218
채용과 교육 : 모범 사례 221

마치며 226 / 옮긴이의 글 231

서문

다양한 산업에서 자동화 바람이 불고 있다. 좋은 소식은 자동화가 더 효율적으로, 더 좋은 제품을, 더 낮은 가격에 생산해낸다는 점이다. 나쁜 소식은 자동화가 실업을 유발하고, 수익성을 악화시키며, 상품을 범용화시킨다는 사실이다.

디지털 마케터에게 인공지능과 머신러닝의 발전은 어떤 의미로 다가올까? 기술의 발전은 그동안 인간이 주된 역할을 수행해오던 분야, 즉 광고 소재, 광고 계정 구조, 타깃팅, 랜딩 페이지, 경매 입찰, 키워드 생성 등이 수년 내로 자동화에 의해 대체될 가능성이 매우 높아졌음을 의미한다. 머지않은 시일 내에 엄청난 성능의 클라우드 컴퓨팅 파워가 수십억 단위가 넘는 빅데이터를 처리하면서 최적화를 수행하는 상황에서도 과연 디지털 마케터라는 존재가 계속 필요할까?

정답은 '계속 필요하다'이기도 하고, 어느 측면에서는 '더는 필요하지 않다'이기도 하다. 자동화가 특정 분야에서 인간의 역할을 어느 정도 대체할 것이라는 예상에는 의심의 여지가 없다. 이 자동화에 힘입어 디지털 마케팅 대행사들은 더 적은 수의 인력으로도 훨씬 더 많은 양의 업무를 처리해낼 수 있다. 하지만, 아무리 스마트한 기술이 등장하더라도 전문가를 완전히 대체하는 컴퓨터의 등장은 여전히 요원하다.

무엇보다도 머신러닝의 알고리즘을 설계하고 개선하는 일은 인간만이 할 수 있다. 기본적으로 머신러닝은 전문가가 어떤 샘플 데이터 집합을 입력하고, 어떤 방식으로 학습시키느냐에 따라 그 성격과 성능이 결정된다. 또한 컴퓨터가 오류를 범할 수 있기 때문에 산출한 결과의 품질을 검수하는 데에도 인간의 역할이 필요하다.

하지만, 인간의 역할은 단순히 오류를 예방하기 위한 보조적인 수단에 그치지 않는다. 전문가들은 한 걸음 더 나아가 컴퓨터가 미처 파악하지 못하는 기회를 추론할 수 있다. 예를 들어, 슈퍼볼 마케팅 캠페인을 기획할 때 전문가는 슈퍼볼과 관련해 다음과 같은 소비자 행태를 파악할 수 있다.

- 시청률이 매우 높았다.
- 가정에서 시청하는 비율이 가장 높았다.
- 친구들과 함께 모여 시청하는 사람이 많았다.
- 간식을 먹으면서 시청하는 사람이 많았다.
- 최근에 사우스비치 다이어트South Beach Diet*가 유행했다.

---

* 미국 마이애미에서 유행한 저탄수화물 식이요법의 한 종류. – 옮긴이(이후 모든 각주는 옮긴이가 붙였습니다)

- 야채는 칼로리가 낮다.
- 슈퍼볼 시즌에는 버섯이 제철이다.

이제 이 캠페인을 운영하는 대행사는 '버섯' 관련 키워드에 입찰해야 한다!

이 예시는 결론을 이끌어내는 입력값의 변동성으로 인해 꽤나 복잡한 추론 과정을 보여준다. 얼핏 별것 아닌 것처럼 보일 수 있는 이 추론 과정을 다시 한번 곱씹어본다면 기술, 문화적 습관, 유행, 영양, 제철 야채에 대한 다양한 정보가 처리되었다는 것을 깨닫게 된다. 이러한 비선형적 사고 과정을 컴퓨터가 흉내내기에는 너무나 어렵다.

그렇다면 컴퓨터가 디지털 마케팅 최적화에서 앞으로 더 큰 역할을 할 수 있을까? 물론이다! 그렇다면 디지털 마케터는 향후 5년 이내에 별 쓸모가 없는 구식 직업이 될 것인가? 결코 그렇지 않다. 이 책의 저자이자 내 동료인 프레더릭 발레이스Frederik Vallaeys는 이 문제에 대한 혜안과 지식을 풍성한 이야기와 함께 전달하고 있다. 디지털 마케팅 분야에 종사하고 있거나 미래의 마케터를 꿈꾸는 분들에게 일독을 권한다.

_데이비드 로드니츠키David Rodnitzky(3Q Digital 최고경영자)

▶ 인공지능은 인간을 뛰어넘을 수 있을까?

과연 천지가 개벽하고 있는 것일까? 정말 그래 보인다. 구글 광고에서 인공지능의 중요성이 날로 증가하고 있다는 발표는 수많은 디지털 마케팅 대행사와 전문가를 당혹스럽고 불안하게 만들었다. 결국 구글은 PPCPay-Per-Click(클릭당 과금) 광고에서 가장 큰 기업이 되었다. 또한 인공기능, 좀더 정확하게는 머신러닝이 PPC 광고의 지형을 바꾸어놓았다. 그렇다고 해서 머신이 곧 인간을 대체한다는 것을 의미하지는 않는다. 사실 최상의 결과는 머신과 인간이 서로 협력함으로써 얻을 수 있다. 미래에도 디지털 마케팅 전문가는 다양한 영역에서 그 역할과 존재 이유를 부여받게 될 것이다.

하지만, 일련의 변화들은 독자들에게 분명한 선택과 집중을 요구한다. 이 책은 다가올 미래에 디지털 마케팅 전문가로서 성공적인 경력을 쌓아가고자 하는 사람들에게 그 방법을 제시할 것이다.

구글이 2000년에 애드워즈AdWords를 처음 선보였을 때, 모든 기능은 사람이 직접 조작하는 수동이었다. 그러나 시간이 흐르면서, 구글은 애드워즈의 프로세스에 지속적으로 자동화 기능들을 추가했다. 나는 2002년부터 2012년까지 제품 전문가(애드워즈 제품 담당팀과 광고주 사이를 연결해주는 메신저)와 애드워즈 에반젤리스트Evangelist*로 구글에서 일하면서, 우리가 오늘날 알고 있는 온라인 광고를 개발한 바로 그 회사 내부에서 이 모든 과정을 지켜볼 수 있었다.

2016년 구글의 CEO인 순다르 피차이Sundar Pichai는 우리가 조만간 인공지능 중심의 세상에서 살게 될 것이며, 구글 또한 인공지능 중심의 회사로 거듭날 것임을 선언했다. 그 이후로, 인공지능은 2018년 7월 '구글 광고Google Ads'로 이름을 바꾼 애드워즈의 혁신을 가속화하는 핵심 기술이 되었다. 이러한 인공지능 중심의 급속한 변화와 혁신은 디지털 마케팅 대행사와 전문가들에게 근본적인 질문을 던졌다. 이 변화는 무엇을 의미하는가? 인공지능 중심의 플랫폼은 내 일자리를 빼앗아갈 것인가? 그동안 내가 성공적으로 수행해오던 일(최적화와 성과 보고 등)은 머신에 의해 대체될 것인가?

특히 젊고, 이제 막 경력을 시작한 디지털 마케터일수록 이러한 변화가 가져올 미래에 대해 더 큰 불안감을 갖게 되었다. 앞으로 30년 이상의 경력을 남겨둔 이들에게 인공지능은 과연 어떤 의미로 다가올까? 구글의 공식적인 선언대로라면, 머신은 이들

---

* 새로운 기술을 업계와 전문가들에게 널리 알리는 역할.

이 은퇴하기 전에 모든 것을 대체할지도 모른다.

한편 급변하는 환경 속에서 '인공지능'이라고 하는 전문용어의 의미가 제대로 소개되지 못한 채 확산되고 남용됨에 따라 혼란이 가중되었다. 트렌드를 중시하는 미디어들은 이 와해적인 신기술을 집중적으로 다루고 있다. 미디어는 인공지능을 대개 영화 〈엑스 마키나Ex Machina〉*의 에이바Ava**처럼 아름다운 휴머노이드 로봇이 인간에게서 자유를 쟁취하는 과정으로 이야기한다.

하지만 현실에서 벌어지는 일들은 영화 속 이야기처럼 흥미진진하지도 위협적이지도 않다. 머신러닝은 헤아릴 수없이 많은 데이터 속에서 의미 있는 상관관계를 찾아내는 데 탁월한 성능을 보여준다. 또한, 머신러닝은 빅데이터 속에서 특정한 패턴을 찾아내는 데 인간보다 훨씬 뛰어나기까지 하다. 이것은 실제로 인간이 그동안 지루하게 반복적으로 수행하던 데이터를 추출하고, 그 안의 수많은 잡음에서 의미 있는 신호를 분리해내던 작업을 상당 부분 자동화할 수 있게 되었다는 사실을 의미한다. 이 부분이야말로 머신이 인간보다 탁월하게 잘할 수 있는 영역이다.

하지만 마케팅의 핵심 영역, 다시 말해 서로 대화하고 필요한 가치를 제안하며 실행을 위해 영감을 불어넣는 것은 변함없이 인간의 영역으로 남아 있다. 직관과 창조력은 인간만이 가진 지적

---

* AI를 다룬 할리우드 SF 영화로 2015년 개봉했다.
** 영화 속 AI 주인공, 알리시아 비칸더.

능력의 근간이다. 인간은 하나의 종種으로서 매우 긴 시간에 걸쳐 성공적으로 진화해왔고, 이 진화의 과정이자 산물인 소통과 창조적 직관은 머신이 하루 아침에 인간을 뛰어넘을 수 없는 것이다.

머신러닝은 퍼포먼스performance 마케팅에서 주목할 만한 성과를 만들어왔고 앞으로도 그럴 것이다. 하지만 현재 우리는 인공지능 발전의 한 변곡점에 서 있다. 다시 말해, 인공지능에 대한 맹목적인 믿음에서 벗어나 진실을 찾아낸 다음, 현실에서 과연 어떤 일들이 벌어지고 있는지 냉정하게 분석해야 할 시점이다.

▶ 구글의 스마트 시스템

초창기 구글의 500명 직원 중 한 명이자 최초의 애드워즈 에반젤리스트로서, 나는 구글이라는 기업과 구글의 제품과 서비스(그중에는 내가 기여한 바가 크다)에 대해 존경의 마음을 품고 있다. 하지만 동시에 나는 구글이 인간과 머신의 바람직한 협력을 위해 더 많은 일을 할 수 있다고 믿는다. 인공지능 혁명을 가속화하는 데 가장 큰 역할을 한 기업이 시장에 적절한 지침을 제공하지 않는다면, 인공지능과 PPC 광고를 둘러싼 오해와 혼란이 지속될 수 있다. 앞서 언급한 바와 같이 구글의 CEO 순다르 피차이는 구글이 인공지능 중심의 회사가 될 것이라고 선언했다. 구글과 같은 기업에서는 CEO의 선언이 복음과도 같이 전파된다.

이러한 선언은 《월스트리트저널》이 기사에서 묘사한 바와 같이, 자칫 불합리한 결론을 이끌어낼 수도 있다. 조찬을 겸한 회의에서 CEO가 블루베리 머핀을 좋아하지도 않으면서 별 생각 없이 "어? 블루베리 머핀이 없군요?"라고 한마디 했다고 하자. 그 이후에 모든 조찬 회의에서 블루베리 머핀이 빠지지 않고 제공되기 시작했다. CEO는 몇 달이 지나고 나서야 자신이 지나가 듯 던진 한마디가 회사 내에서 지시 사항으로 인식되었다는 사실을 깨달았다.

순다르 피차이가 인공지능 중심의 기업으로 변화해나갈 것을 선언한 후, 구글 광고에는 어떤 일이 벌어졌을까? 2018년 신제품을 발표하는 연례 마케팅 행사에서, 제품 담당 매니저는 연단에 서서 이렇게 말했다.

"과거에는 마케터들이 어떻게 하면 고객과 광고를 연결할 수 있을지 고민했습니다. 하지만 이제는 광고주들이 50개의 광고 소재를 제출하기만 하면, 구글의 머신러닝 기술이 각각의 고객에게 그 50개의 소재 중 가장 알맞은 것을 보여줄 수 있습니다."

이 제품 담당 매니저가 언급한 사례는 호텔을 검색하는 잠재 고객에 관한 것이었다. 구글은 이미 사용자들이 가성비 좋은 호텔을 검색하고 있는지, 특급호텔을 검색하고 있는지, 다양한 호텔 목록 비교를 선호하는지 알고 있을지도 모른다. 이것을 바탕으로 시스템은 클릭할 확률이 높은 사용자들에게 관련성 높은 광고를 전달한다. 구글은 광고 클릭에서 수익을 얻기 때문에 검색할 때마다 가장 클릭률이 높은 광고를 전달할 동기動機를 갖는다. 물론 광고주인 호텔 역시 자신의 광고가 클릭 후에 실제로 예약

할 확률이 높은 사용자들에게 전달될 수 있기를 기대할 것이다.

　이러한 경향은 2018년 6월 구글의 새로운 '스마트' 기능(스마트 입찰, 스마트 캠페인, 스마트 쇼핑 등)이 소개되면서 더욱 견고해졌다. '스마트'는 기본적으로 머신러닝 기반의 자동화 기능을 일컫는 구글의 새로운 명명으로 이해하면 된다. 이제 퍼포먼스 마케터는 활용 가능한 예산이 얼마인지, 고객을 유도하는 웹사이트 주소가 무엇인지, 광고주가 원하는 최종적인 전환이 무엇인지를 스마트 시스템에 알려주면, 시스템은 광고주의 예산으로 최대한의 전환을 이끌어내는 방법을 판단해낸다.

　이처럼 구글이 더 많은 자동화 기능을 도입할수록 퍼포먼스 마케터는 더 큰 위협을 느끼게 될 것이다. 과거에는 타깃팅, 키워드, 잠재고객, 입찰 프로세스(광고주가 클릭당 얼마를 지불해야 하는지)를 관리하는 것은 퍼포먼스 마케팅 대행사의 몫이었다. 퍼포먼스 마케팅 대행사는 제외 키워드를 설정하고, 입찰가를 조정하는 등 이제는 구글이 스마트 캠페인으로 자동화한 기능들을 수행해야만 했다.

　이러한 업무는 퍼포먼스 마케팅에서 중요한 의사결정 사항이지만, 수학과 통계학에 기초하기 때문에 자동화의 대상이 되는 것은 어쩌면 당연한 수순이었다. 이러한 상황에서 전략적 사고를 깊이 있게 수행할 수 있는 퍼포먼스 마케터라면, 자신이 어떠한 전문가로 거듭나야 하는지 스스로 묻고 답할 수 있어야 한다.

▶ 머신러닝과 퍼포먼스 마케터의 협업

구글의 관점에서 이러한 변화는 매우 현실적인 것이었고, 자동화의 방향으로 확연한 진전을 이루었다고 할 수 있다. 하지만 이것이 실제로 의미하는 바는 미디어가 인공지능에 대해 이야기하는 것과 제법 거리가 있다. 그것은 보통 디지털 마케팅의 맥락과는 동떨어진 경우가 대부분이다. 그보다는 IBM의 왓슨 Watson*이 어떻게 암을 진단해내는지에 관한 이야기를 들을 가능성이 높다.

인공지능은 의사를 대체할 수 있을까? 아니면, 인공지능이 바둑이나 체스와 같은 게임을 더 잘하게 될까? 사람들은 인간의 모든 능력을 지닌 머신이 반대편에 앉아 있는 모습을 상상한다. 하지만 인공지능에 대한 이러한 인식은 현실과는 사뭇 동떨어진 것이다. 사람들은 인공지능이 머지않은 시일에 많은 일을 인간보다 쉽고 정확하게 처리할 것이라고 생각하지만, 실제로는 인공지능이 사람으로 하여금 더 빠르게 통찰력을 얻고, 더 나은 의사결정을 하도록 돕는다고 보는 편이 적절하다.

2019년 초, 구글 광고의 스마트 머신러닝 솔루션은 특정한 분야에서 그 능력을 발휘했다. 그것은 다른 분야에 이미 활용 중인 인공지능이 그렇듯, 매우 특수하고 구체적인 문제를 해결하기 위

---

* IBM이 개발한 인공지능 컴퓨터 시스템으로 진단의학을 포함한 다양한 분야에 활용되고 있다.

한 솔루션이라고 할 수 있다. 스마트 입찰은 자동으로 입찰을 최적화하는 것을 의미한다. 스마트 캠페인은 적합한 타깃팅 옵션을 선택하고, 다양한 광고 예산을 적절히 배분하는 일련의 과정을 자동화하는 것이다. 미디어가 이야기하듯이 퍼포먼스 마케터에게 남겨진 일은 거의 없어 보인다.

하지만 구글은 여전히 스마트 캠페인 외에도 다양한 광고 캠페인을 제공한다. 스마트 캠페인이 각기 다른 상황에서 최선의 솔루션인지를 검증하는 것이 퍼포먼스 마케터의 역할이고, 검증 결과가 '아니요'로 도출되기도 한다. 장기적 관점에서 최적화의 기본 원칙을 지키는 가운데 숙련된 전문가에 의해 잘 관리된 캠페인은 스마트 캠페인보다 나은 성과를 보이기 때문이다.

퍼포먼스 마케터가 스마트 캠페인을 선택하기로 했다면, 캠페인을 시작한 이후에는 거의 손을 댈 일이 없을 것이다. 하지만 스마트 캠페인이라고 할지라도 서로 다른 목표와 잠재고객을 가진 복수의 캠페인을 운영함으로써 더 나은 성과를 기대할 수 있다. 구글은 "여러분이 운영할 프로모션을 위해 복수의 캠페인을 운영함으로써 각각의 ROASReturn On Ad Spend(광고 수익률)를 설정할 수 있다"고 설명한다.

비수기 주말에 할인 프로모션으로 고객을 유치하려는 호텔을 예로 들어보자. 머신러닝이 제대로 작동한다 하더라도, 이 호텔이 이번 주말 단 이틀 동안만 할인 프로모션을 운영한다는 사실을 즉각적으로 학습할 수 없을 것이다. 따라서 스마트 캠페인이 이 사실을 인식하게 될 즈음에는 이미 할인 프로모션이 끝났을 가능성을 배제할 수 없다. 또 주말 동안 입찰 전략을 빠르게 수정하지 못해 할인 프로모션으로 객실을 판매할 기회를 놓쳤을 수 있다. 이처럼 즉각적인 대응이 필요한 단기 프로모션을 운영한다면, 마케터의 직접적인 개입이 필요하다고 보아야 한다.

완전히 자동화된 솔루션이라 할지라도 상황에 따라 인간이 적절히 개입하고 관리함으로써 그 효용을 극대화할 수 있다는 사실을 잊지 말아야 한다. 퍼포먼스 마케터가 자신의 경험, 지식, 창의성을 스마트 시스템의 탁월한 성능에 더할 수 있다면 분명 그 성과는 놀랍게 개선될 것이다.

이러한 사실을 잘 이해하고 있는 구글이 머신러닝을 통해 광고주의 사업을 더 크게 성장시킬 수 있도록 돕고 있다는 사실만큼은 자명하다. 다른 한편으로 사람들은 구글이 '정말로' 어떤 일을 벌이고 있는지, 특히 머신러닝 분야의 혁신이 어느 방향으로 가고 있는지 우려 섞인 시선으로 바라보고 있다. 이 문제에 대한 퍼포먼스 마케터의 첫 번째 질문은 "내 일자리를 잃게 될까?"라는 것이다. 대행사의 질문은 "우리의 고객들을 잃게 될까?"이다. 이 질문에 대해 나는 "필요한 역량과 기술을 보유하고 있는 한, 당신은 일자리(고객)를 지킬 수 있다"고 자신 있게 말한다.

하지만 머신이 결코 대체할 수 없는 역량과 기술이 무엇인지, 어떻게 그것들을 익힐 것인지, 더 나아가 마케터와 대행사를 어떻게 포지셔닝하고 마케팅할지를 반드시 배워야만 한다. 머신에 인간의 역량이 더해질 때, 머신에만 의존하는 것보다 훨씬 나은 성과를 얻을 수 있기 때문에 퍼포먼스 마케터는 그 자리를 지킬 수 있다. 그저 평균 수준의 성과를 바란다면 머신만으로도 충분할지 모르지만, 탁월한 성과를 원한다면 최고 수준의 역량을 가진 퍼포먼스 마케터와 머신의 역량을 결합하는 프로세스가 필요하다.

대부분의 사람들은 올바른 정보가 주어졌을 때, 이를 바탕으로 올바른 결론을 도출해낼 수 있다. 구글의 핵심적인 신조 중 하나는 바로 투명성과 정보 공유다. 구글은 이 조건이 충족될 때, 어떠한 트렌드나 현상을 굳이 설명할 필요가 없으며, 그것이 스스로 발현된다고 믿는다. 충분히 합리적인 사람들에게 동일하고 투명하게 정보를 공유한다면, 그들은 일반적으로 유사한 결론에 다다를 수 있게 된다.

정보 공유는 내가 이 책을 쓰기로 결정한 가장 큰 이유다. 퍼포먼스 마케터는 마케팅 분야에 적용된 인공지능의 실체가 무엇이고, 그것이 작동하는 방식을 제대로 이해해야 한다. 마케터가 기술과 그것이 퍼포먼스 마케팅에 미치는 영향을 이해하면, 지금의 변화에 지레 겁을 먹기보다는 기술을 어떻게 활용할 것인지에 대한 혜안을 갖게 될 것이다. 더 나아가, 단지 생존하기 위해서가 아니라 성장하기 위해서 자신을 새로운 기술로 단련시키는 방법을 깨닫게 될 것이다. 이처럼 선제적이고 적극적으로 행동을 취할 줄 아는 퍼포먼스 마케터는 변화와 혁신의 흐름 속에서도 자신의 입지를 확고하게 지킬 수 있다.

한편, 대행사는 어떻게 하면 고객을 지켜나갈 수 있을까? 대행사는 각자 자신만의 강점을 보유하고 있다고 생각하겠지만, 광고주는 수많은 미디어를 통해 업계의 정보를 얻을 수 있고, 새롭고 혁신적인 것이라면 무엇이든 시도해보려고 혈안이 되어 있다. 단골 고객이라면 아마도 자신의 대행사 담당 팀장에게 이렇게 이야기해줄지도 모른다.

"팀장님, 제가 최근에 신문 기사를 통해서 구글 스마트 캠페인에 대한 내용을 읽었습니다. 왜 우리 캠페인에는 이 기술을 적용해보지 않았나요? 머신이 자동으로 처리해줄 수 있는 일이라면, 왜 우리가 여전히 인간이 하는 노력에 돈을 지출하고 있는지 모르겠네요."

당신이 이 광고주의 담당자라면 이 질문에 대해 어떻게 답을 하고, 당신의 가치를 어떻게 입증할 수 있을까? 독자들을 안심시키기 위해 결론부터 말하자면, 대행사의 미래를 보장할 다양한 방법이 존재하며, 1부에서는 이러한 방법들을 주로 다루게 될 것이다.

▶ 인공지능 마케팅을 위해

이 책은 크게 세 파트로 구성되어 있다. 첫 번째 파트는 인공지능에 대한 허구와 사실, 머신이 잘할 수 있는 일과 인간이 잘할 수 있는 일을 구분함으로써, 퍼포먼스 마케팅에서 인공지능이 수행하는 구체적인 역할을 깊이 있게 이해하는 데 도움을 줄 것이다. 두 번째 파트는 인공지능이 대체할 수 없기 때문에 퍼포먼스 마케터가 계속해서 수행하게 될 핵심적인 역할(창의적인 영역, 고객과의 관계, 그 밖의 기술적인 부분)에 대해 기술한다. 아마도 독자마다 이러한 역할 중 특정한 몇 가지가 다른 것보다 크게 다가올 것이다. 세 번째 파트는 인공지능 기반의 환경에서 퍼포먼스 마케팅 대행사를 어떻게 포지셔닝하고 지속 가능하게 할 것인지를 다룬다. 목적지가 어디든 간에 언제나 최신 기술을 원하는 고객들에게 대행사의 가치를 어떻게 재정의하고 제안할 것인지 함께 살펴보고자 한다.

첫 번째 파트는 퍼포먼스 마케팅 분야에서 머신러닝의 실체가 무엇인지에 대한 배경 지식에 관한 것이고, 두 번째와 세 번째 파트는 머신러닝 시대에서 퍼포먼스 마케터와 대행사가 어떻게 자신의 가치를 정의하고 제안할 수 있을지에 대한 실천적인 정보들을 담고 있다. 독자 중 일부는 이 책의 핵심이라고 할 수 있는 두 번째 또는 세 번째 파트를 먼저 읽고 싶어 할 수도 있겠지만, 첫 번째 파트를 통해서 이 시대의 혼란스러운 트렌드를 이해하는 데 필요한 지식과 통찰력을 얻게 될 것이다.

애드워즈는 PPC 광고 산업을 창조했고, 구글 광고로 다시 브랜딩된 후에도 여전히 이 산업에서 가장 큰 영향력을 유지하고 있다. 나는 운이 좋게도 수년간 애드워즈팀의 핵심 멤버로 몸담았기 때문에 머신러닝이 어떻게 처음 도입되었고, PPC 광고에 지속적으로 녹아들었는지에 대한 생생한 경험을 독자들에게 들려드릴 수 있게 되었다. 나의 구체적인 경험은 업계에서 모호하게 사용되는 인공지능이라는 개념을 올바르게 이해하기 위한 맥락을 제공하는 데도 도움이 되리라 믿는다. 그리고 독자 여러분은 이 책을 통해 인공지능 마케팅에 대한 더 깊은 이해를 갖게 될 것이며, 결국 큰 변화를 이끌어나가는 전문가로 거듭나기 위해 자신을 어디에 포지셔닝해야 할지 알게 될 것이다.

I

디지털 마케팅 테크놀로지

1 ▶

인공지능과
디지털 마케팅

디지털 마케터는 인공지능이 마케팅 산업과 직업에 어떤 영향을 미치게 될지 혼란스러워하고 있다. 과연 이 분야의 전문가들은 사라지게 될까?

내가 구글 애드워즈에 몸담았던 초기에, 우리는 고객이 우리의 품질지수(키워드, 광고, 랜딩 페이지 간의 상관관계 측정값)를 어떤 비밀을 간직한 블랙박스로 묘사하는 것에 대해 우려했다. 우리의 고객은 광고에서 높은 품질지수를 얻기 위해 무엇을 해야 하는지 제대로 몰랐고, 이러한 불투명성은 고객 불만을 가중시켰다.

사람들은 이해하지 못하는 대상을 두려워하며, 그것은 분노로 이어진다. 그래서 우리는 시간을 두고 품질지수를 가능한 한 투명하게 만들었다. 고객의 광고와 랜딩 페이지 간의 상관관계는 물론 그들이 선택한 키워드를 시스템이 어떻게 평가하는지에 대해 고객이 더 쉽게 알 수 있도록 했다. 고객이 일련의 과정을 잘 이해하게 되면 광고주, 사용자, 구글을 모두 만족시킬 수 있는 더 나은 최적화 환경을 구현할 수 있을 것이라 생각했다. 투명성의 증대는 이해관계자들의 목적을 합치시킬 뿐 아니라 모두를 위한 더 나은 결과를 가져다줄 것이 때문이었다.

품질지수가 어제의 블랙박스였다면, 오늘의 블랙박스는 인공지능 또는 머신러닝이다. 사람들은 머신러닝이 무엇인지, 그것이 마케팅에 미치는 영향이 무엇인지를 제대로 이해하지 못하고 있다. 다시 한번 말하지만, 지금의 상황에 반드시 필요한 것은 투명성 증대다. 퍼포먼스 마케터는 인공지능 기술이 어디까지 와 있는지에 대한 정보를 충분히 공유받아야 하며, 이 기술이 우리를 어디로 이끌어갈지 합리적으로 예측할 수 있어야 한다. 필요한 정보가 충분히 공유되지 않는다면, 마케터는 인공지능이 사업에 미치는 영향을 제대로 파악할 수 없다. 엔지니어만큼의 기술적 배경지식을 갖고 있지 않은 마케터에게 인공지능을 이해하는 것은 쉽지 않겠지만, 이것은 결코 선택이 아니라 필수다.

▶ 구글 애드워즈에서 제품 전문가가 되다

먼저, 나의 배경을 잠깐 소개한다. 나는 어떻게 구글 애드워즈의 에반젤리스트가 되었을까? 나는 벨기에에서 태어나 15세 되던 해에 쿠퍼티노의 탠덤컴퓨터에서 일자리를 구한 아버지를 따라 캘리포니아로 이주했다. 당시 실리콘밸리로 이사하게 된 것이 매우 기뻤다. 그곳에서 나는 컴퓨터에 완전히 빠져들었고, 앞으로 세상을 바꾸게 될 기술들을 눈앞에서 경험할 수 있으리라는 것을 알게 되었다.

그곳에서 고등학교를 졸업한 후 실리콘밸리에 계속 살고 싶었던 나는 다른 학교는 쳐다보지도 않고 스탠퍼드대학에 진학했다. 나는 전기공학을 전공했지만, 내가 가장 좋아했던 수업은 기업가정신에 관한 것이었다. 매주 금요일 오후, 실리콘밸리의 혁신적인 스타트업 창업가들이 그들의 영감 가득한 이야기를 들려주었고, 그들처럼 기업가가 되기를 꿈꾸었다.

하지만 대학을 졸업하자마자 진로 모색을 위한 시간을 갖지 않고 곧바로 샌프란시스코에 있는 사피엔트Sapient라는 회사에서 컨설팅 업무를 시작했다. 그 뒤로 얼마 지나지 않아 닷컴 버블이 터지면서 채용 시장이 급격히 얼어붙었기 때문에, 이 회사에서 커리어를 시작하기로 결정한 것은 큰 행운이었다.

1년 반쯤 지나자 사피엔트에 불어닥친 정리해고 바람 속에서 나는 일자리를 잃었고, 어차피 구직자가 된 김에 좀더 흥미진진한 회사를 찾아보기로 했다. 그중에서 구글이라는 회사에 대해서 듣게 되었는데, 사실 첫인상이 그리 강렬했던 것은 아니다. 이 회사의 홈페이지를 들어가 보았더니 달랑 검색창 하나만 있을 뿐이어서, '뉴스는 어디 간 거지? 스포츠 경기 결과는?' 하는 질문을 절로 하게 되었다.

그 시절만 해도 알타비스타, 엑사이트, 야후와 같은 포털사이트가 전성기를 누리고 있었기 때문이다. 그들은 검색엔진을 제공하고 있긴 했지만, 주된 수익 모델은 검색광고가 아닌 배너광고였다. 콘텐츠는 사용자들을 끌어들여 더 많은 페이지를 클릭하게 만들고, 이를 바탕으로 더 많은 광고에 노출되는 목적으로 활용되었다. 사실 검색엔진은 그러한 콘텐츠에 부수적으로 덧붙여진 기능에 불과했다. 이렇다 보니, 검색창만 보유한 구글은 살점이라고는 하나 없는 뼈다귀 같아 보였다.

하지만 왠지 모르게 구글은 성공할 것만 같은 아우라를 풍기고 있었고, 결국 인터페이스가 가진 단순함의 미학은 훗날 구글의 가장 큰 자산이 되었다. 당시 구글은 작은 규모의 기업이었지만, 인근의 스탠퍼드대학에서 많은 인재를 채용하고자 활발한 노력을 기울이고 있었다. 또 애드워즈라고 명명된 새로운 제품을 유럽 시장에 선보이기 위해 네덜란드어에 능통한 직원을 찾고 있었다.

나는 마침내 이 회사에 합류하기로 결정하고 833번째 사원증을 손에 넣었다. 당시에는 구글의 협력업체 직원이나 계약직 직원도 모두 사원증을 발급받았기 때문에, 정규 직원으로서는 사실상 초기 입사자 500명 안에 든다고 할 수 있었다.[*] 내 첫 번째 업무는 예상과 달리 네덜란드어 능력과는 전혀 무관한 것이었는

---

[*] 주요 언론에 따르면, 구글을 포함해 구글의 모회사인 알파벳의 직원 수는 2019년 말 기준 약 9만 8,000명으로 알려져 있다. 500번째 이내의 초기 입사자라면 구글의 토대를 닦은 매우 중요한 인물 중 한 명이라고 보아도 무방하다. 당시에 그들이 부여받았을 구글 주식의 가치가 이후 어떻게 되었을지는 독자들의 추론에 맡긴다.

데, 그것은 구글의 셀프서비스 광고 플랫폼에 제출된 광고를 검수하는 일이었다.

최근에는 대부분의 광고 검수가 자동화되었지만, 당시에는 그럴 만한 기술이 없었다. 구글은 조금이라도 문제의 소지가 있는 광고가 AOL＊과 같은 중요한 파트너의 웹페이지에 게재되는 일이 없도록 하는 데 많은 노력을 기울였다. 이 때문에 필요 이상의 역량을 갖춘 인재들이 대거 투입되어 수많은 광고를 하나하나 살펴볼 수밖에 없었다. 나 또한 광고 검수 업무를 맡아 온종일 광고를 살펴보았는데, 어찌나 많은 광고를 들여다보았던지 꿈에서도 나타날 지경이었다.

광고 검수는 지루하고 반복적이며 따분한 일이었다. 하지만 나와 동료들은 전도유망한 회사에 발을 들여놓았다는 사실 덕분에 기쁜 마음으로 이 업무를 처리해나갔다.

구글이 애드워즈를 네덜란드에 출시할 준비가 되었을 때, 나는 모든 인터페이스와 고객 지원 자료를 번역하게 되었다. 동시에 고객 5,000명을 확보하기 전까지 네덜란드어 버전의 애드워즈 고객 지원 업무도 수행했다. 나는 기본적으로 네덜란드어 버전과 관련된 모든 일에 관여했고, 모든 광고와 키워드 검수 작업도 내 일에 포함되었다.

＊ 미국의 포털사이트 및 인터넷 서비스 제공업체로 현재는 버라이즌 미디어의 자회사다. 한때 미국 최고의 인터넷 기업 중 하나로 각광받기도 했다.

구글은 아일랜드의 더블린에 사무실을 개설했고, 나는 네덜란드어 광고 승인과 이메일 지원을 담당할 몇 명의 직원을 채용해 제품 본연의 업무에 좀더 투자할 시간을 확보하게 되었다. 나는 대학 시절에 고투GoTo라고 하는 PPC 광고 시스템에서 중고 비디오 테이프를 판매하기 위한 키워드 광고를 운영한 경험이 있어 이 업무에 제법 흥미를 느끼게 되었다. 나는 이때 번 돈으로 각종 IT 장비를 구매할 수 있었다.

어느 날 구글 본사에서 지원팀과 미팅을 하던 중 내 머릿속에 불빛이 반짝였다. 구글은 광고비 지출 금액에 따라 애드워즈 고객의 등급을 분류하고, 그 등급에 따라 지원팀과 지원의 수준이 결정되었다. 최상위 그룹인 1+ 등급은 매월 3만 달러 이상의 광고비를 집행했다. 물론 이 금액은 카약, 오픈테이블, 프라이스라인 등을 거느린 부킹 홀딩스* 같은 광고주들이 분기에 수십억 달러를 지출하고 있는 지금 기준에서는 매우 적은 액수지만, 어쨌든 당시로서는 광고비로 매우 큰 규모였다.

미팅에서 1+ 등급을 담당하는 팀원 중 한 명이 말했다. "우리 고객은 하나의 거대한 기업집단과 같습니다." 나는 1+ 등급 고객들이 엄청난 광고비를 집행하고 있다면, 그들은 반드시 그 이상

---

* 전 세계 최대 규모의 OTA(Online Travel Agency). 부킹 홀딩스처럼 호텔, 항공권, 렌터카와 같은 여행 관련 예약 서비스를 제공하는 OTA는 커머스와 더불어 디지털 광고에서 최대 광고주 분야라고 할 수 있다.

의 돈을 벌어들이고 있을 거라는 확신을 갖게 되었다. 나는 자동차보험이나 이베이와 관련된 키워드를 사들였고, 머지않아 엄청난 규모의 광고를 운영하게 되었다. 그 성장 속도가 어찌나 빨랐던지 광고비 결제를 위한 한도를 높이기 위해 아멕스카드사와 매일같이 전화로 씨름해야 할 정도였다. 결국 나는 빠르게 1+ 등급 광고주가 되었고, 재미있게도 내가 속해 있던 팀에서 나를 전담하기 위한 담당자가 지정되었다.

당시에 애드워즈는 광고주가 적절한 광고 영역을 합리적인 가격에 살 수 있도록 도움을 주는 키워드 통계나 전환 추적 시스템 CTS 같은 것을 갖추고 있지 않았다. 내가 아멕스카드 결제 대금을 제때 지불하는 유일한 방법은 이윤을 낼 수 있는 구조를 만드는 것이었다. 내가 만든 도구는 어떤 키워드를 추가해야 하고 또는 제외해야 하는지, 어디에 더 공격적으로 입찰해야 하는지 보수적으로 입찰해야 하는지를 전환 데이터에 기초해서 판단할 수 있게 해주었다.

PPC 광고와 관련된 모든 지표가 제공되는 요즘에는 이 이야기가 와닿지 않을 것이다. 하지만, 성과 분석 도구가 없는 상태에서 애드워즈를 통해 광고를 집행하던 시절이 존재했다는 것은 틀림없는 사실이다. 당시에도 광고는 분명 성과를 내고 있었지만, 그 성과를 일정한 신뢰도에 따라 분석하지 않았다. 결국 광고주는 애드워즈가 사업을 성장시켰다는 것을 알고 있었지만, 광고의 어떤 요소가 전환을 유도했는지 구체적으로 파악할 수 없었다.

그래서 나는 측정 도구와 시스템을 개발했다. 이 사실을 알게 된 구글의 제품 담당팀은 내가 개발한 도구들을 모든 광고주에게 제공하고 싶어 했고, 나에게 이 프로젝트의 컨설턴트가 되어 필요한 조언을 해달라고 제안했다. 그래서 나는 '제품 전문가'라고 알려진 역할을 맡게 되었다.[*]

▶ 애드워즈의 성장

나는 엔지니어 교육을 받았고 이 일을 매우 즐기기 때문에 현재 몸담고 있는 회사인 옵트마이저Optmyzr에서도 구글 광고 스크립트script를 직접 코딩하고 있다. 하지만 언제나 기업가 정신을 바탕으로 사업을 성장시키는 일에 더 큰 매력을 느껴왔다. 업종을 불문하고 사업에서 가장 중요하고 어려운 일은 고객을 확보하는 것이다. 이런 관점에서 보자면 새로운 고객을 찾아내고 사업이 지속적으로 성장할 수 있도록 돕는 애드워즈라는 시스템은 태생적으로 기업가 정신과 뿌리 깊게 연결되어 있다.

애드워즈와 기업가 정신의 또 다른 연결 고리는 구글이 광고 시장에 가져온 패러다임 전환이다. 역사적으로 광고는 비쌀 뿐 아니라 유연하지 못한 서비스였다. 라디오나 신문에 광고를 게

---

[*] 일반적인 회사라면, 직원이 고객의 입장이 되는 것을 이해관계 상충의 문제로 받아들일 것이다. 이 사례는 필자가 재직하던 당시의 구글이 얼마나 고객을 중요하게 생각하는 회사였는지를 보여주는 한 단면이다.

재하려면 아무리 작은 규모라 하더라도 수천 달러 혹은 그 이상의 예산이 필요했다. 그뿐만 아니라 광고 소재가 한 번 제출되고 나면 광고가 게재되기 전이라 하더라도 그것을 수정하거나 교체하는 것은 거의 불가능하다.

초기 애드워즈의 이점 중 하나는 광고주가 언제든지 원하는 금액의 예산을 설정할 수 있다는 것이었다. 광고주가 30달러로 한 달간 광고 성과를 시험해보고자 한다면 하루 예산을 1달러로 설정하면 된다. 그 어떤 전통적인 광고매체의 세일즈팀도 그 정도 예산으로 영업을 하지는 않는다.

애드워즈를 통해 광고주는 어떤 광고가 클릭을 유발하는지 즉각적으로 확인할 수 있다. 광고주가 웹페이지에 성과 분석 시스템을 갖추고 있다면, 잠재고객들이 웹페이지에서 어떤 활동을 하며, 더 많은 정보를 얻기 위해 몇 번 클릭을 하는지도 확인할 수 있다. 광고가 점점 불확실성을 낮추는 동시에, 더 쉬운 방향으로 발전하게 된 것이다.

전통적인 광고매체가 갖고 있는 또 다른 단점은 광고 소재를 한 번 결정하고 나면 더 나은 대안을 개발하더라도 기존의 안을 변경하기 어렵다는 데 있다. 광고 소재 제작을 위한 일정 때문에 어쩔 수 없이 기존의 광고를 일정 기간 계속 내보내야 하는 것이다. 광고의 성과를 제대로 측정할 수단이 없다는 것은 굳이 언급할 필요조차 없는 사실이었다. 물론 광고주는 사업이 성장하는지 그렇지 않은지를 확인할 수 있겠지만, 특정 광고와 그 메시지가 그 성장에 얼마나 기여했는지를 구체적이고 합리적으로 확인할 방법은 존재하지 않았다.

2002년 애드워즈는 전통적인 광고매체보다 많은 측정 도구를 제공했지만, 오늘날의 기준에 비추어보자면 그 또한 매우 조악한 수준의 것이었다. 당시에는 각 키워드와 광고가 얼마나 많은 클릭을 유발했으며, 평균 CPCCost-Per-Click(클릭당 비용)가 얼마였는지 확인하는 것이 사실상 성과 측정의 전부였다고 보아도 무방하다. 여전히 광고주의 사업 목표와 구글이 알려주는 성과 사이에는 큰 간극이 존재했다.

구글이 이루어낸 머신러닝의 진화는 언제나 연관성을 높이는 방향으로 이루어졌다. 사람들이 검색엔진을 쓸 때, 그들은 자신이 입력한 검색어와 연관성 높은 검색 결과를 기대한다. 또한 사용자들은 기대했던 검색 결과와 무관한 광고가 쏟아지는 것을 보고 싶어 하지 않는다. 그들은 검색 활동에서 자신들의 기대가 충족될 때 광고를 소비하고 클릭한다.

사실 구글에 게재되는 광고는 그것이 전혀 광고로 느껴지지 않을 정도로 연관성이 높았다. 내가 애드워즈 에반젤리스트가 되었을 때, 사람들에게 종종 이런 질문을 던졌다. "여기서 구글 광고를 한 번도 클릭해보지 않은 분이 계신가요?" 대략 절반 정도의 사람들이 손을 들었다.

"믿을 수가 없습니다. 저는 구글이 광고를 통해 어느 정도의 수익을 창출하고 있는지 잘 알고 있고, 구글 광고의 실제 도달률을 고려해본다면, 방금 손을 드신 분 중 상당수가 실제로는 구글 광고를 클릭해보셨을 거라고 확신합니다. 그렇다면 여러분이 손을 드신 이유는 한 가지입니다. 실제로는 광고를 클릭했지만, 바로 그 광고가 광고처럼 보이지 않았기 때문입니다(이것은 예나 지금이나 구글이 사용자들로 하여금 검색 결과 중에서 광고를 식별할 수 있도록 표시하지만 여전히 벌어지는 일이다). 그 광고들은 결코 여러분을 귀찮게 하거나 방해하지 않습니다. 그 광고는 사용자가 원하지 않는 무언가를 하게끔 현혹하지도 않습니다. 그것은 정확히 여러분이 구글에 묻고 있는 것에 대한 답을 찾는 데 도움을 주는 정보입니다. 그 광고들은 여러분이 입력한 검색어와 높은 연관성을 갖고 있고, 따라서 광고처럼 보이지 않는 것입니다."

머신러닝이 도입되기 이전에는 나와 같은 사람들이 수동으로 연관성을 결정했다. 광고를 검토하면서 키워드, 광고 문구, 랜딩 페이지를 살펴보게 되는데, 이 일의 본질은 결국 광고가 연관성을 갖는지 아닌지를 판단하는 것이다. '검색어의 자취scent of the query'는 잘 지켜졌는가? '검색어의 자취'란 기본적으로 키워드, 광고 문구, 랜딩 페이지 간의 연결고리를 의미한다. 누군가가 '온라인에서 고무 오리 장난감 구입하기'라고 검색했을 때, 광고는 고무 오리 장난감 사업자의 홈페이지가 아니라, 그 사용자가 곧바로 고무 오리 장남감을 구입할 수 있는 랜딩 페이지로 유도해야 한다.

이러한 방식은 연관성을 결정하기 위한 부분적 최적화 접근에 지나지 않는다. 결국, '토토 세면대 이음매의 대체재'와 같은 검색어의 연관성에 대해 담당자가 무엇을 판단하고 결정할 수 있을까? 시간이 있다면 이 검색어의 자취를 알아낼 수는 있겠지만, 그렇다고 해서 담당자가 배관공 수준의 이해를 갖추었다고 할 수는 없을 것이다. 시간이 지나면서 애드워즈팀은 다음과 같은 사실을 깨달았다.

"우리는 집단지성을 활용해야 하며, 사용자가 광고를 포함한 검색 결과 페이지와 상호작용하는 방식을 통해 더 많은 데이터를 얻을 수 있다. 우리는 어떤 광고를 특정 키워드에 대해 100번 노출할 때, 몇 번의 클릭이 발생하는지 알 수 있다."

이것이 광고 클릭률, 즉 CTRClick-Through-Ratio이라고 하는 것이다. 그렇다면 우리는 다음과 같이 지표와 규칙을 설정할 수 있다.

"특정 키워드가 0.5% 이하의 클릭률을 보인다면, 그것은 곧 연관성이 거의 없다는 의미이므로, 자동적으로 비활성화되어야 한다."

이러한 접근은 또 다른 문제를 낳는다. 사용자가 'Jobs(일자리)'와 같은 일반적인 검색어를 입력한다면, 그것은 그 사용자가 일자리를 찾고 있으며, 구직 사이트로 안내되기를 기대한다고 추정할 수 있다. 사용자 중 일부는 스티브 잡스Steve Jobs의 전기를 검색하려고 'Jobs'라는 단어를 입력했을 수도 있다. 위대한 인물의 일대기를 판매하는 출판사는 클릭률이 낮다고 해서 일대기 광고가 비활성화되는 일은 바람직하지 않다고 생각할 것이다. 정말로 스티브 잡스의 일대기를 찾고 있는 잠재고객을 위한 검색 결과는 어떤 것일까? 광고주들의 사업을 성공으로 이끌기 위해서는 여기에 대한 답을 제시해야만 한다.

다행스럽게도 애드워즈가 진화하면서 우리 팀은 더 나은 해결책을 제시할 수 있다는 것을 깨달았다. 우리는 망치를 휘두르기보다 메스를 통한 문제해결 방식을 선택했다. 다시 말해, 일반적인 상황이 아닌, 특정한 상황과 조건에 따라 성과가 더 나을지 혹은 더 나쁠지를 판단하고자 했다. 이를 위해 사용자의 위치, 검색을 수행한 시간, 사용자가 검색창에 입력한 추가적인 단어, 사용자의 검색 이력 등 검색에 영향을 미칠 수 있는 모든 요인을 고려해야 했다. '예상 클릭률', 훗날 품질지수라고 불린 구글 광고 역사상 최초의 머신러닝 시스템이 창조된 것이다.

▶ 빅데이터와 머신러닝

에릭 슈밋Eric Schmidt이 구글의 CEO였을 때, 그는 공동창업자인 래리 페이지Larry Page, 세르게이 브린Sergey Brin과 함께 매주 TGIF* 미팅을 개최했다(요즘에 이 미팅은 TGIAF[Thanks God

---

* Thanks God It's Friday의 약어로, 금요일 아침 인사로 쓰인다. 구글에서는 매주 금요일에 TGIF라는 이름으로 전 직원이 함께하는 미팅을 갖는다. 이 자리에서는 자유분방한 분위기 속에서 경영 현안은 물론 새로운 제품과 기술의 공유, 특정 문제에 대한 토론, 신규 입사자(Noogler) 환영 등 다양한 활동이 벌어진다. 캘리포니아 마운틴뷰 본사에 있는 찰리스 카페에서 열리며, 다른 지역의 구글러(구글 직원들을 일컫는 말)들은 화상회의 시스템을 통해 원격으로 참여한다.

It's Almost Friday 하느님, 감사합니다. 이제 곧 금요일이네요]라고 불린다. 전 세계에 있는 구글러는 누구나 이 미팅을 한 주가 끝나기 전에 볼 수 있도록 하기 위해 미국 서부 시간으로 목요일에 개최하기 때문이다). 이 미팅 중 어느 날, 에릭 슈밋은 다음과 같이 애드워즈 시스템의 비전을 선포했다.

"누구나 쉽게 이용할 수 있어야 한다. 광고주가 사업의 목표를 우리에게 알려주고, 그들의 계좌를 열어주기만 하면, 시스템이 나머지 모든 것을 알아서 처리할 것이다."

슈밋은 광고주가 애드워즈에서 광고를 집행해 새로운 고객을 확보하고 사업을 성장시켜나가는 데 캠페인, 광고 문구, 키워드, 타깃팅, 입찰에 이르는 일련의 과정이 하나의 메커니즘으로 돌아가는 것을 목격했다. 그는 이러한 메커니즘이 자동화되어 보이지 않는 손과 같이 작동함으로써 광고주의 사용자 경험에서 사라져가는 것을 구상한 것이다.

사실 이러한 구상이 제기된 것은 처음이 아니었다. 하지만 머신러닝이 도입된 것을 기점으로 애드워즈의 품질지수는 어떤 광고가 사용자에게 높은 연관성을 제공하는지 예측하는 데 훨씬 더 탁월한 성능을 발휘하게 되었다. 이것은 구글이 검색을 통해 확보한 엄청난 규모의 빅데이터가 머신러닝에 의해 학습되었기 때문에 가능한 일이다.

이런 방식은 모든 이해관계자를 만족시킬 만한 것이었다. 사용자는 자신이 검색한 내용과 부합하는 연관성 높은 광고를 보게 되었고, 당연히 더 많이 클릭하게 되었다. 광고주는 자사의 제품이나 서비스를 구입해 문제를 해결할 수 있는 잠재고객에게서 더 많은 클릭을 얻을 수 있게 되었다.

이는 또한 시장을 더 공평하게 만드는 데에도 기여했다. 연관성 높은 광고를 만들고자 많은 노력을 기울이고 있는 작은 규모의 광고주들은 높은 품질지수와 낮은 CPC로 보상받게 되었다. 골리앗을 이긴 다윗처럼, 품질지수가 어떻게 작동하는지 깊게 이해한 작지만 강한 기업들이 낮은 비용으로 확보한 클릭을 통해《포춘》 500대 기업을 이기는 사례도 등장했다.

구글 또한 품질지수에 기반한 광고를 통해 검색 시스템 전반의 수익성을 높일 수 있게 되었다. 광고 연관성이 높아지면 검색당 클릭이 더 높아지고, 결국 더 많은 수익을 거둘 수 있게 된 것이다. 광고주, 고객, 구글(플랫폼이자 광고매체)이라는 광고 생태계의 세 구성원을 모두 행복하게 만들어 품질지수는 애드워즈 역사상 최고의 히트 상품이 되었다.

▶ 경매, 입찰, 타깃팅

애드워즈가 소개한 두 번째 머신러닝 도구는 바로 자동 입찰이다. 사용자가 검색할 때마다, 구글 검색 결과 페이지에서 광고의 노출 순위를 결정하기 위한 실시간 경매가 발생한다. 더 높은 가격으로 입찰하고, 더 큰 연관성을 확보할수록 광고는 더 상위에 노출된다. 이 CPC 기반의 입찰 시스템은 즉각적인 반응을 기대하는 광고주에게 전통적인 CPMCost-Per-Mille(1,000회 노출당 과금) 구매, 다시 말해 고객이 그 광고를 얼마나 클릭하느냐에 상관없이 1,000회 노출당 가격으로 구매하는 방식보다 명백히 더 나은 성과를 가져다준다. 다만, 제품 판매와 같이 광고주가 최종적으로 원하는 성과와 이 CPC 기반의 시스템 사이에도 여전히 간극은 존재한다.

애드워즈팀은 기본적으로 입찰이 CPC에 기초해서 이루어지도록 시스템을 설계했다. 하지만, 이커머스 광고주가 매출을 발생시키는 데 중요하게 생각하는 것은 CPC가 아니라 CPACost-Per-Acquisition(고객 유치당 비용)다. 이것은 광고비 투자액 대비 수익의 개념이다. 광고주가 CPA를 얼마나 지불할 의향이 있는지, 구글에 지출하는 광고비 이상의 매출을 기록하고 있는지를 중요하게 보는 것이다. 결국 가장 중요한 질문은 '광고비를 투자함으로써 목표하는 수준의 이윤을 창출하고 있는가?'로 귀결된다.

구글은 CPC 입찰과 광고주의 CPA와 ROAS 목표를 연결하기 위해 자동화 기능을 도입했다. 모든 경매에서 구글의 머신러닝은 해당 클릭이 가져올 CVRConversion Rate(전환율)과 광고주의 목표 CPA 또는 ROAS를 고려해 입찰 전략을 실시간으로 결정한다.

'스니커즈'라는 광고 키워드를 예로 들어보자. 사용자는 다음과 같이 검색을 두 번 했다. 첫 번째 검색어는 '저렴한 스니커즈', 두 번째 검색어는 '커리5 스니커즈'였다. 두 검색 모두 '스니커즈'라는 단어를 포함하고 있지만, 그것은 각기 다른 의도를 담고 있다. 누군가가 언더아머에서 출시된 최신 스티븐 커리Stephen Curry* 스니커즈를 찾고 있다면, 아마도 한 켤레에 130달러 이상 지불할 의향을 갖고 있을 것이다. 반면 '저렴한 스니커즈'를 검색한다면, 할인 상품을 찾고 있을 가능성이 더 높다고 볼 수 있다.

구글은 이 검색에 담긴 의도에 대해 더욱 정확한 예측을 할 수 있게 되었다. 언더아머 광고 담당자라면 고가의 커리5 스니커즈가 판매될 가능성이 높지 않은 '저렴한 스니커즈'라는 검색에 대해 낮은 CPC로 입찰하는 것이 합리적이다. 결국 머신러닝을 통해 계산하고 예측하는 모든 값은 광고주가 목표로 하는 ROAS를 달성하는 데 기여할 수 있다. 애드워즈에 적용된 머신러닝 기능 중 또 주목할 만한 것은 구글의 '확장 검색'과 관련된 타깃팅이다. 구글은 직전 90일 동안 이루어진 모든 검색 중 약 30%만이 완전히 새로운 검색어라는 것을 발견했다. 사람들은 무언가를 검색할 때 나름의 공식화된 방법을 활용하기 때문이었다.

광고주로서는 자신의 제품 또는 서비스에 관심을 갖는 모든 키워드를 일일이 구매하는 것이 매우 어려운 일이다. 확장 키워드는 유사한 검색을 하나로 묶어주는 기능이며, 이 기능 덕분에 광고주는 연관성 높은 광고를 보여주기 위해 아주 약간씩 다른 각각의 검색에 대해 일일이 대응할 필요가 없게 되었다.

---

* NBA 최고 스타 중 한 명이며, 스포츠 의류와 용품 제조사인 언더아머에 자신의 이름을 딴 브랜드를 보유하고 있다.

검색광고를 통해 브리트니 스피어스Briteny Spears의 음원, 포스터, 콘서트 입장권을 판매한다고 가정해보자. 사람들이 '브리트니 스피어스'를 검색할 때 만들어내는 오타는 무려 457개에 이른다(믿기 어렵다면, 구글 아카이브 페이지를 참고하자. https://archive.google.com/jobs/britney.html). 광고주가 검색광고를 위해 이 457개의 오타를 모두 찾아낸 다음, 개별 키워드를 생성해야 한다면 엄청난 시간과 노력이 필요할 것이다. 게다가 이 광고주가 브리트니 스피어스를 포함해서 아티스트 1,000명에 대해 검색광고를 운영한다고 가정하면, 각각의 키워드에 대해 457개의 오타에 대응하는 총 45만 7,000개의 키워드를 생성해야 한다. 이것은 말도 안 되게 번거롭고 비효율적이다.

훨씬 더 적은 수의 키워드만 관리하면 된다는 장점에도 많은 광고주는 확장 검색 대신 일치 검색과 같이 제한적인 방식을 채택함으로써 머신러닝의 이점을 스스로 포기했다. 구글은 광고주가 큰 기회를 놓치고 있다고 보았으며, 그 해결책으로 2014년 '유사 검색' 기능을 출시했다. 검색 일치 유형과 무관하게 특정 키워드와 거의 흡사한(오타, 복수형, 단수형, 전치사가 포함된) 표현들도 해당 키워드와 동일하게 간주하는 기능이다. 머신러닝은 해당 검색어가 키워드와 정확히 일치하지 않더라도 그 광고를 보여주어도 될 만큼의 연관성을 지니고 있는지 판단해냈다.

광고주들은 유사 검색 기능을 통해 사실상 같은 의도를 가진 키워드를 좀더 쉽고 효율적으로 다루게 되었다. 하지만, 이 기능의 문제점은 지정된 키워드에 각 검색어가 어느 정도의 정확도로 일치했는지 측정하기 어렵다는 점이다. 2018년 9월 구글은 유사 검색 기능을 재정의해야 할 정도의 대대적인 변화를 도모했고, 이것은 업계 전체의 기대와 예상을 완전히 뛰어넘었다.

유사 검색어는 단수나 복수만이 아니라 '동일한 의미'를 가진 모든 것을 의미했다. 이것은 오직 머신러닝에 의해서만 가능한 것이었다. 예를 들어, '캠핑장'과 '야영장'처럼 완전한 동의어는 아니지만, 구글의 머신러닝은 이 두 단어가 대부분 동일한 의미로 쓰인다는 것을 판단해냈다. 이러한 판단은 머신러닝이 사용자들의 다양한 행태 속에서 패턴과 유사성을 식별해낼 수 있었기에 가능했다.

이런 진전은 다른 한편으로 머신러닝이 매우 위험한 영역에 발을 내딛기 시작했다는 우려를 불러일으켰다. 이전에는 언어적으로 정확하게 일치하는 검색어에 대해서만 광고를 보여주었지만, 이제는 유사한 의도를 가진 검색어에 대해서도 광고를 게재할 수 있게 되어 업계 전문가들은 인간이 핵심적인 통제력을 잃었다고 느꼈다. 이로 인해 상당수의 전문가들은 불안과 분노를 표출하기도 했다.

이러한 분노는 지니 마빈Ginny Marvin이 〈서치엔진랜드Search Engine Land〉*에 게재한 투표에서도 잘 드러났다. 그는 업계 전문

---

* 검색엔진·디지털 마케팅과 관련된 소식을 다루는 웹사이트.

가들에게 '일치 검색'의 새로운 이름을 제안하게 하고 이를 투표에 부쳤는데, 가장 많은 표를 얻은 아이디어는 '일치하는 것 같은 검색'이었다. 또한 '누이 좋고 매부 좋고 검색'처럼 이러한 변화가 결국 구글에 더 많은 이익을 가져다줄 것이라고 풍자하는 이들도 있었다.

하지만 나는 기술을 통해 어려운 문제를 좀더 효율적으로 해결할 수 있다고 믿는다. 사용자가 무수히 많은 동의어를 일일이 입력할 필요도 없고, 전문가는 단지 필요한 때만 개입할 수 있도록 하는 검색광고 기술도 효율적인 문제해결의 한 방식이라고 생각한다. 다시 한번 강조하지만 머신과 인간이 협력할 때 최선의 결과를 얻을 수 있다.

변하지 않는 분명한 사실은 '유사 검색어'가 결국은 동의어가 아니라는 점이다. 똑똑한 광고주라면 캠핑장과 야영장에 대해 각각의 입찰을 수행한다면 아주 약간이라도 성과의 차이를 만들어낼 수 있다는 점을 알아차릴 것이다. 구글은 광고주에게서 이러한 선택의 기회를 빼앗아버렸고, 광고주들은 여기에 큰 유감을 느꼈다.

또 다른 예를 들어보자. 광고주의 키워드가 'Xbox 비디오 게임'이고, 누군가가 '비디오 게임'을 검색했다고 가정하자. 구글의 머신러닝은 이것을 광고를 보여주어도 될 만큼 충분한 연관성을 가진 검색이라 판단할 것이다. 이 판단은 모든 종류의 비디오 게임을 판매하는 광고주에게는 합리적이지만, 오로지 'Xbox 비디오 게임'만을 판매하고자 하는 광고주에게는 달갑지 않을 수 있다. '비디오 게임'을 검색한 사람이 닌텐도 비디오 게임이나 플레이스테이션 비디오 게임을 원했을 수도 있기 때문이다. 그동안 자신이 무엇을 판매하며, 언제 광고가 노출되는지를 명확하게 알 수 있었던 광고주들에게 별안간 머신러닝 시스템이 나타나 일반적인 키워드에 대해서도 광고를 보여줌으로써 자신들의 통제력을 빼앗아간 것 같은 좌절을 느낄 수 있다.

하지만, 머신러닝 시스템은 닌텐도 비디오 게임을 의도한 사용자에게 Xbox 비디오 게임 광고가 잘못 노출된 것조차 결국 알아차리게 된다. 왜냐하면 사용자들이 그 광고의 연관성이 낮다는 것을 깨달음에 따라 클릭률이 지속적으로 낮아져 결국은 광고가 노출되지 않을 것이기 때문이다.

이처럼 시스템이 저절로 문제를 해결한다 하더라도, 광고주들에게는 큰 부담이다. 광고 문구가 모든 비디오 게임에 해당하는 것이라면, 고객은 여전히 광고를 클릭하고 해당 광고의 연관성이 낮다는 것을 알아차릴 것이며, 광고주는 전환을 유도하지 못한 클릭에 대해서도 비용을 지불해야 하기 때문이다.

다행스럽게도 이처럼 논쟁적인 변화에 대응하기 위해 구글 광고 스크립트를 활용하는 해결책이 있다. 이는 머신러닝이 발전해도 여전히 전문가들이 필요한 이유 중 하나다. 광고주는 이러한 해결책을 통해 광고에 대한 통제력을 되찾을 수 있는 우회적인 경로를 가질 수 있다. 예를 들어, 구글이 어떤 검색어를 유사 검색어로 판단하고 그것을 제외 검색어로 반영하는 스크립트를 적용할 수 있다. 이러한 대안은 광고주에게 무엇이 최선인지를 스스로 판단하고 실행할 수 있는 기회를 제공한다.

이는 더 나은 결과를 도출하기 위해 인간과 머신이 협력하는 좋은 사례다. 먼저, 인간이 타깃팅 광고를 위한 핵심 키워드를 선정한다. 다음으로 머신이 광고주의 제안에 부합하는 추가적인 검색어를 찾아낸다. 마지막으로, 광고주가 검색어 보고서를 살펴보고 필요에 따라 제외 키워드를 추가해 머신이 하는 일을 주기적으로 모니터링한다.

구글은 PPC 광고를 평균적으로 더 쉽고 더 나은 방향으로 개선한 것에 만족했지만, 당신이 그 평균보다 낮은 성과를 거둔 광고주라면 그것이 다 무슨 소용이겠는가? 하지만, 구글의 머신러닝이 광고주의 의도를 제대로 이해하지 못할 때, 광고대행사나 전문가들이 제외 키워드를 자동으로 생성하는 스크립트를 미리 설치함으로써 '교사'(7장 참조)와 같은 역할을 할 수 있다면, 앞서 언급한 '비디오 게임'과 같은 문제를 선제적으로 해결할 수 있다.

▶ 스마트 캠페인

구글은 이제 충분한 빅데이터와 강력한 컴퓨팅 파워를 통해 머신이 다양한 패턴과 신호를 찾아내도록 학습시킬 수 있게 되었다. 그 결론은 바로 '스마트'(라고 쓰고 '머신러닝' 또는 '인공지능'이라고 읽는다) 캠페인이다.

2018년 7월 열린 구글 마케팅 콘퍼런스에서, 애드워즈의 새로운 이름인 '구글 광고'는 '스마트 쇼핑' 캠페인의 출시를 발표했다. 이 캠페인은 ROAS를 극대화하기 위해 완전히 자동화된 타깃팅, 예산 설정, 입찰 기능을 갖추고 있다. 구글은 또한 신규고객과 기존 고객의 가치를 다르게 산정하거나, 방문 트래픽에 더 높은 가치를 두는 등 전환 목표의 우선순위를 정하는 새로운 방식도 소개했다.

반응형 검색광고는 또 다른 머신러닝 혁신의 산물이다. 광고주가 시스템에 다양한 헤드라인과 설명을 입력하면 구글 광고는 특정 검색어에 대해 어떻게, 언제 이러한 값을 조합해 광고를 내보낼지 자동으로 결정한다. 머신러닝이 충분히 발전하기 전까지 이러한 다양한 조합은 불가능했다.

구글은 이제 온라인 광고가 사람들이 생각하는 것만큼 단순하지 않다는 사실을 깨닫고 있다. 아직도 너무나 많은 변수로 인해 효과적인 온라인 광고를 집행하지 못하고 있는 광고주가 부지기수다.

고려해야 할 세부 사항이 많을 뿐 아니라, 어디에 집중해야 할지 판단해줄 수 있는 전문가도 많지 않다. 내부 전문가를 양성할 시간이 부족하고, 대행사나 컨설턴트를 고용할 예산이 부족할 수도 있다. 어쩔 수 없이 직접 실행에 옮긴다 하더라도 반드시 해야 할 중요한 일을 못하며 실패할 때도 많다.

이런 광고주를 위해 구글은 '스마트'라는 일련의 목표 아래, 더 쉬운 온라인 광고를 만들어가고 있다. 앞으로 광고주는 캠페인의 세세한 부분까지 신경 쓰는 대신, 구글에 이렇게 말하는 것으로 충분해지는 시점이 올 것이다.

"여기 우리의 목표가 있습니다. 대략적으로 말해, 우리가 가고자 하는 방향은 이것입니다. 나는 모든 것을 세세하게 관리할 수 없다는 사실을 이해하고 있으며, 따라서 모든 세부 사항을 알지 못하더라도 괜찮습니다."

광고대행사와 컨설턴트가 이러한 현상을 우려하는 이유는 두 가지다. 첫째, '스마트'를 이제 막 접한 일부 고객은 "이것이 정말로 사람이 운영하는 대행사보다 효과적으로 캠페인을 운영할 수 있나요?"라고 궁금해한다. 고객은 어쩌면 대행사가 더는 필요 없다고 판단해 계약을 중단하고 관련 비용을 절감할 수도 있다. 이론적으로 구글이 클릭에만 과금하는 것에서 보듯이, 스마트한 솔루션은 낭비를 용납하지 않는다. 게다가 광고주가 대행사와 계약을 맺는다면, 광고비의 10% 정도를 수수료로 지불해야 한다.

또 다른 문제는 인공지능이 얼마나 빠르게 진화할지 불확실하다는 점이다. 오늘날의 스마트 시스템이 모두의 예상만큼 훌륭하다면, 아마도 1~2년 내로 우리를 더욱 놀라게 할 가능성이 높다. 불확실성은 두려움을 낳는다. 우리가 머신러닝이나 인공지능의 실체가 무엇이고, 앞으로 무엇을 할 수 있을지 그리고 할 수 없을지 이해해야 하는 이유가 바로 여기에 있다.

▶ 기업가의 길

나는 내 개인적인 경험이나 이야기가 아니라, 인공지능과 마케팅에 관한 생각을 나누고자 이 책을 썼다. 하지만, 구글이 그동안 이 분야를 선도해왔을 뿐만 아니라 지금도 가장 큰 영향력을 행사하고 있기 때문에 인공지능의 현재와 미래에 대해 본격적으로 다루기에 앞서 나의 구글 시절 경험을 독자 여러분에게 생생하게 소개했다.

나는 구글의 제품 전문가이자 애드워즈 에반젤리스트로 일하는 동안, 전 세계를 다니며 이 놀라운 광고 시스템을 어떻게 활용할 수 있는지를 소개했다. 그 일을 진심으로 사랑했고, 특히 사람이 이 시스템에 기여할 수 있다는 사실에 매료되었다.

구글에서 일하던 10년 동안 500명이 채 되지 않던 직원 수가 이제 6만 명이 넘었다. 회사가 어떤 규모에 이르게 되면 그때부터는 규모의 경제에 집중하게 된다. 따라서 나의 다음 역할은 트레이너의 트레이너가 되어 그동안 내가 해왔던 일과 그에 필요한 역량을 더 많은 사람에게 전수하는 것이 될 터였다.

하지만 내 안에 숨쉬던 기업가 정신으로 인해 나는 예정된 수순을 밟는 대신 회사를 떠나 컨설팅을 시작했다. 첫 고객은 구글이었고, 나는 콘퍼런스와 교육 현장에서 애드워즈를 활용하는 방법을 소개했다. 더불어 나에게 광고 계정의 운영을 맡길 새로운 고객을 물색하기 시작했고, 그것은 실로 놀라운 경험이었다.

나는 애드워즈가 대단한 제품이라고 생각하지만, 실제 계정을 운영하는 일에는 개선의 여지가 많다. 이런 문제를 해결하기 위한 제품을 판매하는 회사도 있지만, 그들은 광고비의 일정 비율을 수수료로 청구한다. 내가 고객들에게 10%의 수수료를 청구하고 그중 절반을 탐탁지 않은 도구를 제공하는 회사에 떼어준다면, 과연 내가 이 사업에서 어떤 의미와 활력을 찾을 수 있을지 확신할 수 없었다.

구글은 자바스크립트 기반의 애드워즈 스크립트를 출시하면서, 사용자들이 계정을 검토하거나 입찰을 변경하거나 캠페인을 중단하거나 보고서를 생성하는 등의 업무를 자동화할 수 있게 했다.

나는 우리가 살펴보게 될 '교사'의 역할을 맡음으로써 더 나은 성과를 위해 반복적으로 수행해왔던 작업을 자동화하는 스크립트를 작성하고, 이를 통해 시스템을 학습시킬 수 있었다. 이 스크립트는 내 시간과 비용을 큰 폭으로 절감해주었다. 나는 이러한 접근에 대해 〈서치엔진랜드〉에 기고한 글을 통해 나의 옵트마이저 공동 창업자들을 만났고, 우리는 PPC 광고 분야에서 본격적인 기업가의 길로 들어섰다.

2 ▶

머신러닝의 원리

　대부분 마케팅 전문가에게 인공지능과 그것이 PPC 광고에 미치는 영향은 블랙박스처럼 두려운 존재다. 이러한 상황에서 인공지능은 단지 스쳐 지나가는 유행어일 뿐이고, 미래에는 그다지 중요하지 않을 것이기 때문에 크게 신경 쓸 필요가 없다고 치부하는 것은 매우 위험하다.

　인공지능과 머신러닝이 한때의 유행이 아니라는 점을 명심해야 한다. 퍼포먼스 마케팅 전문가라면 무릇 이러한 기술이 가진 잠재력에 관해 기본적인 이해를 갖추고 있어야 한다. 여기에는 결코 엔지니어 수준의 전문적인 이해가 필요하지 않다. 내연기관의 세세한 작동 원리를 모르더라도 자동차의 기본적인 조작법을 알면 운전할 수 있는 것과 같은 이치다.

　컴퓨터공학에서 인공지능의 개념은 1950년대에 처음 제기되었다. 당시부터 이미 이 개념은 공상과학소설을 통해 대중문화에 깊숙이 스며들었고, 이제는 현실이 되어 미디어나 비즈니스 등 다방면에서 접할 수 있게 되었다.

▶   무어의 법칙

최근 머신러닝의 급성장은 무어의 법칙(18개월마다 컴퓨팅 파워가 2배씩 증가한다는 법칙)에 따른 결과로 볼 수 있다. 다시 말해, 수십 년에 걸쳐서 트랜지스터와 집적회로의 크기가 18개월마다 절반으로 감소(즉, 속도가 2배씩 증가)하는 것이다.

대부분의 사람이 무어의 법칙을 들어보았겠지만, 이것의 진정한 함의는 잘 알지 못한다. 독자들의 이해를 돕기 위해 이 법칙을 자동차에 비유해보도록 하자. 메르세데스 벤츠 다임러가 최초로 만든 자동차의 최고 속도는 시속 16킬로미터였다. 따라서 발명 초기의 운전자는 1시간을 달려 16킬로미터 정도 떨어진 마을에 닿을 수 있었다. 18개월 후에 최고 속도는 2배로 늘었고, 1시간 동안 32킬로미터 거리의 마을에 닿을 수 있게 되었다. 18개월 후 다시 한번 최고 속도가 2배 증가한다면, 단 하루 만에 나라 안 어디든지 갈 수 있게 될 것이고, 유럽에 거주하는 사람이라면 가까운 이웃나라에도 닿을 수 있었을 것이다.

이러한 비유가 그다지 극적으로 느껴지지 않는가? 그렇다면 자동차 최고 속도를 무어의 법칙이 인공지능의 발전에 적용된 횟수인 27번에 걸쳐 2배씩 증가시켰다고 가정해보자. 그 결과 우리는 고작 이웃마을까지 이동할 수 있었던 1시간 동안 지구에서 태양을 9번 왕복할 수 있게 된다. 또다시 최고 속도가 증가한다면, 단 1시간 만에 태양계의 먼 행성으로 왕복 여행을 다녀올 수 있게 된다.

자동차에 대한 비유는 이쯤 해두자. 사실 무어의 법칙은 안정적인 상태의 컴퓨팅 파워에 적용되는 것이지, 지상 교통에 적용하고자 제안된 개념은 아니다. 중요한 것은 무어의 법칙이 가진 기하급수적인 성질 덕분에 머신러닝 분야에서 우리가 목도하고 있는 18개월 주기의 진화가 실로 경탄할 만큼 빠르다는 점을 이해하는 것이다.

이러한 진화의 속도를 고려한다면, 이미 충분히 우수한 성능을 보유한 구글의 스마트 기능들은 앞으로 여러 측면에서 우리의 예상을 훨씬 뛰어넘게 될 것이다. 우리는 이처럼 놀랄 만한 변화를 맞이하고 적응할 준비를 해야 한다. 머신러닝이 인간을 능가하는 분야는 앞으로 더욱 증가할 것이다.

▶ PPC 머신러닝 모델

블랙박스의 이야기로 다시 돌아가보자. 무엇이 인공지능이고 무엇이 인공지능이 아닌가? 미디어와 영화 속에서 인공지능 시스템은 종종 사람이 할 수 있는 일을 더 빠르고 수월하게 처리하는 휴머노이드 로봇으로 묘사된다. 2016년에는 구글의 알파고가 이세돌을 꺾으면서 인공지능의 획기적인 발전을 세상에 알렸다. 이것은 1997년 IBM의 딥블루가 세계 체스 챔피언인 가리 카스파로프Garri Kasparov를 꺾은 것보다 훨씬 더 복잡한 문제다. 혹자는 알파고의 승리가 증기, 전기, 인터넷에 이어 인공지능과 머신러닝이 제4차 산업혁명을 이끌게 된 신호탄이라고 말한다.

하지만 PPC 광고 분야에 적용된 인공지능 기술은 상당한 정도로 구조화된 특정한 솔루션에 집중하고 있다는 사실을 이해해야 한다. 구글 광고는 하루 중 특정 시간대, 검색 키워드, 검색을 하는 사용자의 위치 등 특정한 상황에서 최적의 입찰 전략을 파악하기 위해 머신러닝을 활용한다. 이것은 통계학, 수학, 인지학과 관련된 기술이다.

인공지능의 파도가 광고대행사들을 집어삼키고 있다: 어떻게 대응할 것인가?

마크 앤드리슨Marc Andreessen*이 "소프트웨어가 세상을 집어삼키고 있다"고 말한 지 8년이 지났다. 지금은 인공지능과 머신러닝이 소프트웨어를 집어삼키고 있다. 너무 과장된 표현일까?

인공지능이 정말로 모든 직업을 대체하고 있을까? 인공지능은 왜 '새로운 전기'인가? '이번'은 정말 과거와 다른가? 그리고 무엇보다 중요하게, 퍼포먼스 마케팅

---

* 미국의 엔지니어·창업자·벤처투자가. 넷스케이프를 개발한 것으로 유명하다.

전문가와 대행사들은 인공지능에 어떻게 대응해야 할까?

나는 우리가 이러한 변화를 축복해야 한다고 생각한다. 그 이유는 다음과 같다. 인공지능은 기본적으로 예측을 위한 것이다. 비용, 품질, 속도가 기하급수적으로 증가할수록 인간의 판단이 갖는 중요성 또한 증가한다. 당신은 지금 대행사에서 어떤 업무를 담당하고 있는가? 아마도 예측과 관련된 일을 하고 있을 가능성이 높다. 특정 키워드를 위한 올바른 입찰 전략을 예측하거나, 캠페인을 위해 적합한 타깃팅을 예측하는 일 말이다.

이런 업무에서 가장 중요한 것은 무엇일까? 창의성? 전략? 혹은 고객과의 협업? 그렇다. 대행사에는 관점의 변화가 필요하다. 물론 변화는 누구에게나 어렵다. 하지만 어쩌겠는가? 변화에 적응하든가, 아니면 도태될 수밖에.

지금 겪고 있는 변화의 속도는 앞으로 겪게 될 것에 비하면 아주 느린 수준이 될 것이다. 변화의 속도는 더욱 빠르게 증가할 수밖에 없다. 레이 커즈와일Ray Kurzweil*은 현재의 변화 속도를 감안한다면 21세기에는 100년 동안 과거 2만 년에 해당하는 변화를 보게 될 것이라고 말한다.

그러니 자신을 재창조해야 한다. 변화의 물결 속에서 희생자로 남지 말자. 변화를 축복하라. 대행사의 새로운 비전을 설정하고 이 새로운 세상에서 그 비전을 실행하라. 그 비전에 헌신하라. 그리고 가장 어려운 일이겠지만, 변화를 일으킬 담대한 용기를 가져라.

당신이 새로운 기술을 익히면 당신의 자신감도 향상될 것이다(스포일러 주의 : 처음부터 그렇지는 않을 것이다. 미안하지만, 변화는 쉽게 일어나지 않는다).

---

* 미국의 미래학자이자 발명가. 구글의 기술고문으로도 활동한 바 있다.

당신 주위를 훌륭한 커뮤니티로 둘러싸라(이것이 내가 AgencySavvy.com을 설립한 이유다). 그리고 어차피 겪게 될 '실패'를 즐겨라. 프레더릭 발레이스처럼 스마트한 사람들을 따르고 그들에게서 배워라. 그리고 큰 파도 위에 올라탈 준비를 하라.

마이크 로즈Mike Rhodes(에이전시새비 창업자)

인공지능이라는 단어가 유행하는 동안 머신러닝은 퍼포먼스 마케팅과 다양한 사업 문제를 해결하기 위한 실용적인 기술을 묘사하는 용어로 자리 잡았다.

머신이 의사결정을 내리기 위해서는 먼저 시스템이 학습을 해야 한다. 이는 사람들이 과거에 수행한 검색이라든가 클릭과 같은 데이터를 활용함으로써 가능하다. 이러한 입력값은 구조적으로 분류된 데이터들로 구성되어 있는데, 입력값을 정의하고 분류하는 것은 데이터베이스의 특성 그 자체 또는 데이터 분석가들의 작업에 의해 이루어진다.

우리가 머신러닝에 기대하는 작업은 입력한 데이터 집합의 요소들이 서로 의미 있는 상관관계를 맺고 있는지 판단해내는 것이다. 그 요소 사이의 공통점은 무엇이고 그것을 어떻게 활용할 수 있을까? 시스템은 실제 과거에 발생한 사건에 기초한 데이터에서 학습하기 때문에, 우리는 그 결과 또는 예측을 실제와 비교해볼 수 있다.

예측과 실제 사이에 불일치가 존재한다면, 머신러닝은 그 불일치를 줄이고 정확도를 높이기 위해 지속적으로 모델을 수정해 나갈 것이다.

머신러닝이 학습을 마친 뒤에야 우리는 실시간 데이터를 입력하고 예측값에 도출할 수 있다. 담당자가 광고 계정에 새로운 키워드를 추가했다고 가정하자. 사용자가 이 키워드를 검색하면 시스템은 지금까지 학습한 내용을 바탕으로 결과를 예측할 수 있다. 이러한 예측을 통해 '어떤 광고 소재를 노출할 것인가?' 또는 '얼마를 입찰해야 할까?'와 같은 전형적인 PPC 광고 관련 질문에 대해 실시간으로 답을 얻을 수 있다.

시스템은 실제 발생한 결과에 기초로 예측 정확성을 개선할 수 있다. 광고를 본 사용자들이 그것을 더 많이 클릭했다면, 예측은 더 강화된다. 그렇지 않다면, 시스템은 더 개선된 결과를 도출할 때까지 조정을 계속한다. 그 과정은 인간의 통제에서 독립적인 하나의 피드백 루프feedback loop로 작동한다.

PPC 머신러닝 모델을 더 깊이 살펴보기에 앞서, 프로그래밍의 기초로 돌아가보자. 쉬운 용어로 설명하면, 컴퓨터 프로그램은 시스템에 데이터를 입력하고, 개발자가 만든 코드에 따라 연산이 처리되어 예측과 같은 결과를 산출하는 것이라고 말할 수 있다.

'키워드가 꽃이고, 사용자가 장미를 검색한다면, 광고를 노출하라. 키워드가 꽃이 아니라면 광고를 노출하지 마라'는 규칙을 가진 프로그램을 만들었다고 하자. 이것은 '이것이면, 저것이다'

와 같이 단순한 구조로 짜여 있다. 아무리 단순한 컴퓨터 프로그램이라도 '지능'의 형태를 보여주며, 서로 관련 있는 조건들을 고려해 사람이 내린 것과 유사한 결정을 내리게 할 수 있다. 하지만, 분명한 것은 이것이 특정 문제에 국한된 능력을 가진 '인공' 지능이라는 점이다.

이 단순한 접근 방식은 가장 빠른 컴퓨터조차 처리하기 힘들 정도로 경우의 수가 많아질 때 한계에 부딪히게 된다. 앞서 기술한 것처럼 알파고는 머신러닝과 인공지능 분야에서 매우 큰 진전이라 할 수 있다.

바둑판 위에서 벌어질 수 있는 경우의 수(2 뒤에 0이 170개)는 온 우주에 존재하는 원자의 수(1 뒤에 0이 80개)보다도 많다. 이처럼 상상하기 힘들 정도로 많은 경우의 수 아래서는 규칙 기반 학습, 즉 '만약 그렇다면if-then' 논리를 통해 다음에 바둑돌을 어디에 놓을지 예측하는 것이 사실상 불가능하다. 이러한 문제를 해결하기 위해서는 완전히 다른 방식의 접근이 필요하며, 여기에 바로 머신러닝의 필요성이 제기된다.

시스템은 이제 좀더 높은 차원에서 어떤 일이 벌어지는지 분석해야 한다. 훌륭한 바둑의 수는 어떤 공통점을 갖고 있을까? 이제 모든 가능한 경우의 수를 고려해 100% 정확하고 완벽한 의사 결정이나 예측을 도출하지 않는다. 이제는 고려해야 할 엄청나게 많은 조합 속에서 신호를 찾아내는 것이 더욱 중요하다.

조금은 덜 복잡한 품질지수의 문제로 돌아가보자. 품질지수의 목표는 광고 클릭률, 즉 특정 상황에서 특정 광고가 표시될 때 사용자가 클릭할 가능성이 얼마나 되는지를 예측하는 것이다. 하지만, 구매할 꽃을 검색하는 사람이 있을 수 있는 상황이나 조건은 단순한 '만약 그렇다면' 논리만으로 해결하기 어려운 수준까지 무한히 증가할 수 있다.

'평가원'이라 불리는 구글 직원들은 키워드, 광고 문구, 랜딩 페이지 간의 상관관계를 5점 척도로 평가함으로써 구글이 더 연관성 높은 검색 결과를 도출하려면 알고리즘을 어떻게 업데이트해야 하는지 알려준다.

품질지수팀 또한 연관성에 문제가 있는 광고 카테고리를 파악하기 위해 이 평가 결과를 활용한다. 이제 머신러닝이 도입되어 문제가 있는 광고와 유사한 광고를 걸러내고 자동적으로 제거할 수 있게 된다.

머신러닝이 정상적인 광고를 제거해야 할 광고로 잘못 판단하는 오류를 범한다면, 구글 광고팀은 엔지니어들에게 모델을 수정하도록 요구한다. 이들은 100% 정확한 예측은 불가능하다는 것을 전제로, 원하는 수준의 결과를 얻을 때까지 이 과정을 반복한다.

원하는 수준의 결과란, 거짓 양성*을 최소화하는 것이다. 결국 사업 측면에서 성과가 좋은 광고주의 광고를 잘못 평가해 제한하

---

* 1종 오류: 실제로는 음성인데 검사 결과 양성으로 판정하는 오류.

는 것은 좋지 않은 일이기 때문이다. 거짓 음성*, 즉 걸러내야 할 광고를 잘못 평가해 게재하는 오류를 범할 가능성도 동시에 존재했다. 구글은 사용자가 부정적인 경험을 하지 않기를 원하기 때문에 거짓 음성이 지나치게 많이 발생하는 것 또한 경계했다.

집단지성을 활용한 평가원 시스템은 어떤 광고가 높은 클릭률을 기록하는지 분석하고, 성과가 좋은 키워드·광고 문구·랜딩 페이지를 그렇지 못한 것들에서 식별해내기 위한 방대한 데이터를 쏟아낸다. 이 지점에서 PPC 머신러닝 모델은 새롭게 제출된 광고의 성과를 예측함으로써 인간에 의한 기존의 평가원 시스템을 퇴출하기 시작했다고 볼 수 있다.

PPC 머신러닝 모델의 어떤 측면이 이것을 가능하게 할까? 그것은 현실 세계를 반영하는 수학적 구조를 통해 학습한다. PPC 머신러닝 모델은 성과가 좋은 광고와 그렇지 못한 광고를 결정하는 현실 세계의 거대한 데이터 집합 속에서 유사성을 찾아낸다. 이를 통해 구글이 사용자들에게 전달하는 광고의 품질을 개선할 수 있게 한다.

구글은 이러한 광고를 통해 수익을 거두기 때문에 품질지수를 결정하는 머신러닝 시스템이야말로 그들의 광고 시스템에서 가장 핵심적인 부분이라고 할 수 있다.

---

* 2종 오류: 실제로는 양성인데 검사 결과 음성으로 판정하는 오류.

▶ PPC 광고에 적용된 머신러닝

머신러닝 구축에는 다양한 접근법이 있다. 문제는 매년 구글 광고 시스템에 제출되는 광고가 말 그대로 수십억 개에 달해 성과가 좋은 광고와 그렇지 않은 광고를 가려내는 일이 쉽지 않다는 사실이다. 기존의 모델이 특정 문제를 해결하지 못한다면, 컴퓨터공학자들은 새로운 모델을 만들어내야만 한다. 이것은 마술이 아니다.

초기 목표는 기존 시스템을 적용하거나 새로운 머신러닝 모델을 개발해 대규모 데이터를 입력함으로써 만족할 만한 수준이 될 때까지 학습시키는 것이었다. 시간이 지나면서 더 많은 데이터와 다양한 시나리오를 학습하게 되고 확신의 수준은 점점 높아진다.

PPC 광고는 '누가 우리 제품을 구매했는가? 그렇다면, 얼마나 구매했는가? 구매를 유발한 광고의 품질은 좋았는가?'와 같은 질문에 대한 답으로, 엄청난 양의 데이터가 발생된다.

이 모든 것이 '소비자가 어떤 도시에 거주하는가? 구매한 날 그 도시의 날씨는 어떠했는가? 어떤 키워드를 검색했는가?'와 같이 이미 알려진 요인들과 결합된다. 그리고 이러한 과정은 무수히 반복된다.

PPC 광고에 적용된 머신러닝 모델은 전환과 같은 목표에 영향을 주는 요인에 집중한다. 어떤 데이터가 입력된 후, 시스템이 애초에 예측했던 것보다 높은 전환율을 기록했다면, 담당자(시스템)는 "우리가 원하는 결과, 즉 판매를 유발하는 이 광고를 노출할 더 많은 기회가 존재하기 때문에 더 높은 금액으로 입찰해야 한다"고 말할 것이다.

더 높은 금액으로 입찰하면 더 좋은 게재 지면을 확보하게 될 것이고, 머신러닝 모델이 정확했다면, ROIReturn on Invest(투자 대비 수익률)는 분명 개선된다.

PPC 머신러닝 모델은 실행가능한 예측을 도출하기 위해 인간 분석가들이 처리할 수 있는 것보다 훨씬 방대한 양의 데이터를 처리한다. 예측의 결과는 피드백 루프에 의해 또 다른 입력값이 되어 현실 세계의 더욱 방대하고 다양한 데이터를 통해 모델의 정확성을 향상시키는 데 기여한다.

▶ PPC 머신러닝의 현재

그럼에도 머신러닝을 PPC 광고에 실제 적용하기까지는 꽤 오랜 시간이 필요했다. 10년 전, 우리가 처음으로 이것을 시도했을 때, 그 과정은 매우 지난하고 고통스러웠다. 초창기에는 정확한 수준의 예측 모델을 얻는 데 많은 시간이 필요했다.

우리는 CTR과 같은 특정한 행태를 예측할 수 있는 상관관계를 찾기 위해 과거에 사용자들이 광고와 상호작용한 방대한 데이터를 시스템이 처리하도록 했다.

구글은 초창기에도 대용량의 컴퓨팅 파워를 보유하고 있었지만, 그중 대부분은 광고보다 검색을 위해 활용되고 있었다. 2002년에 나는 베일에 싸인 구글 데이터센터를 둘러볼 기회를 가졌다. 그곳 배선은 매우 깔끔했고 체계적으로 구성된 아름다운 맞춤형 서버가 가득 찬 수많은 선반이 있었다. 선반 위에 깔끔하게 정리해놓은 서버의 수는 상상을 초월했다. 서버들은 매우 촘촘하게 배열되어 있었기 때문에 엄청난 열기를 뿜어냈는데, 이 때문에 화재경보기가 주기적으로 울릴 정도였다. 경보시스템은 빌딩이 너무 뜨거워서 화재가 날 것으로 예측했다.

우리는 구글 데이터센터에서 1제곱미터 정도 되는 좁고 복잡한 구역으로 갔다. 거기에는 빨간색과 노란색의 경고등이 점멸하는 델Dell 서버로 가득 차 있었고, 전선은 여기저기 얽혀 있었다. "이 서버들은 구글의 어떤 제품을 위한 것인가요?"라고 물었더니, "애드워즈를 위한 것입니다"라는 대답이 돌아왔다. 나는 애드워즈가 왜 자주 느려지고 가끔은 작동을 멈추는지 이해하게 되었다. 검색에 비해 애드워즈에 훨씬 더 적은 컴퓨팅 파워가 할당되고 있었기 때문이다.

구글은 놀라운 기술력을 갖고 있었지만, 애드워즈에 충분히 투자하지 않았기 때문에 초창기에는 힘들었다. 하지만 구글은 곧 수익을 만들어내는 광고 사업이 전체 사업의 혈액과 같은 역할을 한다는 사실을 깨닫기 시작하면서 상황은 바뀌었다.

애드워즈의 기술은 개선되고 있었지만, 여전히 가용한 데이터 양이 충분치 못했던 탓에 모델 개발에는 많은 시간이 소요되었다. 우리는 무어의 법칙상 초기 상태에 있었고, 컴퓨팅 파워는 매우 제한적이었다. 개발 과정에서 필요한 데이터를 제때 입력하지 못하거나 모델에 필요한 무언가를 놓치게 된다면, 처음부터 다시 긴 시간 동안 모델을 만들어야 했다. 하지만 이제는 무어의 법칙 덕분에 머신러닝 모델은 하루도 채 걸리지 않아 학습을 마칠 수 있다.

이러한 발전에도 자동화가 무엇을 실행할 수 있는지에 대해 합리적인 수준의 기대치를 갖는 것은 매우 중요하다. 그렇지 않다면 뼈아픈 실패를 경험하게 될 것이다. 구글의 스마트 캠페인이 에릭 슈밋의 비전처럼 구글에 계좌 비밀번호만 맡기면 모든 것이 해결되는 수준에는 아직 미치지 못하기 때문이다.

사실 평균적인 정도의 성과를 기대한다면 계좌 비밀번호를 구글에 건네주고 모든 신경을 꺼두어도 좋을지 모른다. 하지만 당신이 이 책을 읽고 있다는 사실은 평균보다 나은 성과를 원하고 있다는 것을 의미한다. 결국 고객이나 CEO는 당신이 평균 이상의 성과를 가져다줄 때 훨씬 더 행복해할 것이며, 당신에게 지급하는 비용이나 연봉을 가치 있다고 생각할 것이다. 그리고 여전히 퍼포먼스 마케팅 캠페인을 최적화할 때면 목표를 설정하고, 전략을 테스트하며, 결과를 모니터링하고, 필요에 따라 개입할 것이다.

PPC 광고주가 직면하는 문제는 자율주행차를 만드는 회사가 잘못된 예측이 초래할 수 있는 참극에 마주하는 것과 비슷하다. 자율주행차를 움직이는 머신러닝은 카메라를 통해 인식한 시각 정보와 같은 데이터를 통해 작동하는데, 이러한 데이터는 구조적으로 분류된 것이 아니기 때문에 이것을 처리하는 데 훨씬 복잡한 과정을 거친다.

물론 PPC 광고에서도 상황이 다소 복잡해지고 있다. 더 많은 검색이 문자가 아니라 음성에 의해 발생하기 때문이다. 광고주나 대행사가 '자연어 처리' 문제를 직접 해결하고 싶지 않다면, 구글 어시스턴트와 아마존 알렉사(인공지능 플랫폼)에게 사용자가 무엇을 요청하는지 이해하고 판단하는 일을 맡길 수 있다. 그러면 담당자는 검색어가 키보드로 입력되든 음성으로 입력되든 적절한 키워드를 선정하는 일에만 집중하면 된다. 이러한 일이야말로 신뢰할 만한 회사에 맡겨야 하는 것들이다.

담당자가 기술의 세세한 부분까지 이해할 필요는 없지만, 스마트 시스템이 무엇을 하고 하지 못하는지는 반드시 알아야 한다. 스마트 입찰은 경매와 관련된 요인들을 살펴보고, 예상되는 CVR 또는 CTR에 기초해서 입찰하는 것이다. 하지만, 시스템은 예산의 제약이나 산업의 트렌드와 같이 중요한 다른 요소를 고려하지 않을 수 있다.

구글 광고는 인공지능을 PPC 광고에 적용한 유일한 것이 아니다. 이 분야에는 다양한 머신러닝 시스템이 존재하며, 서로 다른 역할을 수행하고 있다. 자동 입찰 조절과 같은 상대적으로 단순한 기능을 살펴보자. 구글은 스마트 입찰이라고 부르는 솔루션을 제공하고 있지만, 퍼포먼스 마케터들은 같은 기능을 다른 방식으로 제공하는 다른 회사의 솔루션 또한 활용할 수 있다. 아마도 이들 중 한 가지는 산업의 일상적인 제약 또는 특수한 요인을 구글의 스마트 입찰보다 훨씬 더 깊게 고려하고 있을 가능성도 있다.

누군가는 고객의 산업과 그들이 활용 가능한 데이터 규모 등을 고려할 때, 어떤 솔루션이 최선인지 판단해야만 한다. 복수의 시스템을 시험해볼 것인가? 그렇다면 성과를 어떻게 측정할 수 있을까? 두 가지 시스템을 시험한다면 이들은 상호 운용이 가능한가?

책상 앞에 앉아서 입찰과 예산부터 타깃팅에 이르기까지 모든 것을 해결해줄 휴머노이드 로봇은 존재하지 않는다. 인간은 여전히 많은 부분에 개입할 수밖에 없다. 시스템이 어떻게 상호작용하는지, 어떤 제약을 극복해야 하는지, 회사가 제공하는 가치를 미래 고객에게 어떻게 포지셔닝할지를 고민해야 한다.

투명성 제고를 위한 노력에도 구글 광고의 머신러닝은 여전히 블랙박스로 남아 있다. 시스템이 자동 입찰 전략을 수립하면서 강설량이라는 요인은 거의 고려하지 않을 수 있다. 강설량은 대부분의 경우 중요한 요인이 아니기 때문에 시스템은 이를 기본 변수로 고려하지 않는다. 하지만, 스키 리조트 시즌권을 판매하는 회사라면, 강설량은 매우 중요한 요인으로 바뀐다.

이것이 바로 퍼포먼스 마케터들이 머신러닝을 비즈니스적인 관점에서 이해해야만 하는 이유다. 머신러닝 모델이 광고주의 사업에서 매우 중요한 요소를 간과하고 있지 않은지 고려해야 한다. 구글 스마트 입찰을 지속적으로 활용하되, 사업의 성공과 실패 또는 평균적인 성과와 최적화된 성과를 결정지을 요소와 데이터를 시스템이 고려할 수 있도록 해야 한다.

퍼포먼스 마케터들은 이 모든 분야에서 핵심적인 역할을 수행하고 있다. 마케터들이 머신러닝보다 훌륭히 수행할 수 있는 역할을 스키 리조트 광고주 사례를 통해 좀더 자세히 살펴보자.

3 ▶

마케터가 머신보다
잘할 수 있는 일

　스키 리조트 광고주가 구글 광고에 입찰을 조정하도록 했다고
하자. 문제는 구글 스마트 입찰이 지난밤 눈이 얼마나 내렸는지
처럼, 그것을 직접적인 영향을 미치는 요인으로 고려하지 않는
다는 점이다.

　데이터는 인간의 직관과 창의성, 마케팅 전문가의 시간과 역량
의 도움 없이는 그 자체로 별다른 의미를 갖지 못한다. 스키 리조
트 사례에서 보듯이, 머신러닝이 강설량이 사업에 미치는 영향을
고려할 수도 있고 그렇지 않을 수도 있다. 마케터가 당면한 문제
는 제3자인 머신러닝을 활용한다 하더라도 어떤 요인을 중요하
게 고려할지, 거기에 부여할 적절한 가중치는 얼마일지 직접 추
정해야 한다는 사실이다.

▶ 마케터의 역할

　머신러닝 모델이 강설량과 같은 특정한 요인이나 데이터를 살펴보지 않는다면, 입찰에서도 다양한 요인을 중요하게 고려하지 않을 수 있다. 수많은 놀라운 일이 머신러닝에 의해 수행되지만, 머신이 강설량을 고려하도록 학습시키지 않아 평범한 수준의 결과를 얻을 수밖에 없다.

　퍼포먼스 마케터의 역할은 머신이 이러한 요인을 살펴보도록 학습시키는 것이다. 마케터는 머신이 무엇을 학습할지 가르치기 전까지는 절대로 원하는 결과를 얻을 수 없다. 머신에 학습을 시키고 나면, 그때서야 비로소 자동화의 결실을 얻을 수 있다.

　머신보다 인간의 직관적 능력이 더욱 중요한 사례는 또 있다. 운전자가 인터넷에 연결되지 않은 상태에서 GPS를 통해 운전 경로를 파악한다면, 기본적으로 출발지와 도착지 사이에서 선택할 수 있는 모든 경로를 고려할 것이다.

　하지만, 몇 가지 추정과 경험에 기초해 지름길을 검토할 수도 있다. 지방도로보다는 고속도로가 빠르다고 판단하며, 비포장도로는 가급적 선택하지 않으려고 할 것이다. 하지만 운전자는 고속도로상에 새로운 다리를 건설 중이며, 이로 인해 차선 5개가 3개로 줄어들어 극심한 병목현상을 초래한다는 사실을 알고 있을 수 있다. 이때 지방도로를 선택하는 것이 목적지에 가장 빨리 도착하는 경로가 된다.

　GPS와는 달리 운전자는 해당 지역 곳곳을 잘 알고 있다. 인간의 직관은 이처럼 특정한 영역에 기반한다. 이때 운전자는 자신이 거주하고 있거나 수시로 운전하는 지역의 사정을 잘 알고 있지만, 머신러닝 모델은 이런 사실을 고려하지 못한다. 머신이 알고 있는 어떤 것에 변화가 발생한다면, 그것을 학습하고 반영하는 데 머신은 운전자보다 많은 시간이 필요하다.

▶ 광고 소재

퍼포먼스 마케팅이 데이터와 그 처리에 뿌리를 두고 있지만, 호소력 있는 광고 소재는 여전히 효과적인 PPC 광고의 핵심 요소다. 더구나 인간은 타깃 시청자와 교감하는 메시지를 만들어내는 데 머신보다 훨씬 나은 역량을 갖고 있다. 마케팅이란 결국 제품의 가치를 고객에게 전달하고 소통하는 행위라는 것을 기억한다면, 메시지를 만들어내는 전문가의 역할은 매우 중요하다.

물론 머신 또한 과거 데이터를 기반으로 광고 문구 등을 조합해 광고 소재를 만들어낼 수 있다. 하지만 머신은 사람들이 특정한 단어와 이미지의 조합에 반응하는 감정적 연결고리를 이해하는 단계까지는 이르지 못했다.

시스템은 결과에 중요한 영향을 미치는 새로운 데이터가 입력되었을 때, 이것의 진정한 가치를 곧바로 평가하지 못한다. 새로운 정보는 오랜 기간 축적되고 학습되어온 데이터에 비해 약한 영향력을 갖게 되고, 결국 머신러닝 시스템은 이 새로운 데이터의 관련성을 실제보다 낮게 평가하기 쉽다. 하지만 인간은 새롭거나 낯선 정보에 대해서도 그 중요성을 간파할 수 있는 충분한 능력이 있다.

사람들은 때때로 실수를 범하고, 이것은 종종 생각지도 못한 창의적인 해법으로 이어지기도 한다. 대표적인 사례가 페이스북 동영상 광고에 예상치 못한 떨림 현상이 발생한 것을 꼽을 수 있다. 원래는 2차원의 이미지를 동영상처럼 움직이게 만들려는 의도였지만, 무언가 잘못된 것처럼 떨림이 발생해 애초 의도한 것보다 좋은 결과가 나타났다. 이것은 실수에 의해 진화가 발생한 것을 보여주는 좋은 사례다. 의도하지는 않았지만, 2차원의 이미지에 작은 떨림 효과를 주게 되어 소비자에게서 더 많은 주목과 클릭을 이끌어낸다는 사실을 발견하게 된 것이다.

2차원의 이미지에 작은 떨림이 발생한 것과 같은 창의적인 의사결정은 대부분 인간의 개입으로 이루어진다. '이봐, 새로운 테스트를 해보지. X,Y,Z를 실행할 때 어떤 결과가 발생하는지 한번 보자고'라고 도전함으로써 마케팅에 창의적 요소를 가미하는 것은 결국 머신이 아닌 인간이다.

▶ 목표 설정

고객이나 광고대행사 또는 내부 마케팅팀과 협업할 때 가장 먼저 해야 할 일은 목표가 무엇인지를 이해하는 것이다. 놀랍게도 경영진 상당수는 온라인 광고를 통해 얻고자 하는 바가 무엇인지 명확하게 이해하지 못하고 있다. 매출 또는 이익 극대화가 목표인가? 이익 극대화가 목표라면, 온라인 광고는 제품을 다소 덜 팔더라도 높은 이익을 얻는 방향으로 진행되어야 한다. 이해관계자들과 사업을 의논하고, 혼란스럽고 복잡한 생각들을 명확하게 정리해 머신에 제공해야 하는 것은 인간의 역할이다.

나는 종종 고객과 대화하면서 자신의 회사가 구글 광고의 자동 입찰 기능을 활용하고 있다는 사실을 모르고 있는 것에 놀란다. 고객은 "그것이 어떻게 가능하죠? 저희는 구글에 그런 것을 요청한 적이 없는 걸요"라고 묻는다.

이처럼 광고주가 캠페인 설정의 의미를 정확히 이해하지 못하고 기능을 활용하는 일은 종종 있다. 물론 시스템은 광고주가 스스로 선택한 옵션들을 받아들이고, 그 기능을 적용한다. 여기까지는 아무 문제 없다. 하지만, 광고주의 선택이 무엇을 뜻하는지는 여전히 분명치 않다.

퍼포먼스 마케팅 전문가라면 광고주가 옵션을 검토하는 데 큰 도움을 줄 수 있다. 캠페인을 설정하는 과정에서 8개의 '목표' 항목 중 1개를 선택할 때, 전문가가 각각의 항목을 충분히 설명해준다면 광고주가 겪을 여러 가지 문제를 미연에 방지할 수 있다.

고객이 신중하게 스마트 입찰의 각 항목을 선택하더라도, 전문가는 머신이 제대로 일을 하기 위해서는 어디에 집중해야 하는지 고객에게 알려주어야 한다.

광고주의 목표가 전환을 증가시키는 것인지, 매출을 성장시키는 것인지, 신규 고객을 확보하는 것인지, 오프라인 매장에 더 많은 손님을 끌어들이기 위한 것인지, 시스템은 광고주의 사업 성과를 명확하게 파악하기 위해 어떤 성과 평가 모델을 쓸 것인지 등에 대한 해답을 머신에 알려주는 것이 퍼포먼스 마케터가 할 일이다.

고객의 요구 사항을 이해하고 그것을 시스템에 반영했다면, 단계별 성과와 목표를 어떻게 측정할지에 대한 숙제가 남는다. 또한 캠페인의 주요 지표를 지속적으로 기록하고 관리하는 방법도 정해야 한다.

오프라인 매장에 방문하는 사람들의 숫자를 기록하려면 어떤 시스템을 활용해야 하는가? 머신러닝이 계산에 탁월하다면 최선의 예측과 의사결정에 가장 필요한 데이터를 어떻게 얻을 수 있는가? 이렇게 머신에 알려주는 것 또한 퍼포먼스 마케터의 역할이다.

측정해야 하는 것이 반드시 단순할 필요는 없다. '전환'은 여러 단계에 걸쳐 이루어지기 때문에, 매크로 전환*이나 실제 판매뿐 아니라 마이크로 전환**의 관점에서 생각하는 것이 유용하다. 잠재적 소비자가 이메일 리스트에 가입하거나 랜딩 페이지에 방문하거나 추가 상담을 위한 정보를 남기는 것과 같은 구매 경로상의 단계별 마이크로 전환이 최종적인 매크로 전환보다 훨씬 더

---

* 광고주의 최종적인 목표로서의 전환. '제품 판매'가 대표적이다.
** 광고주 최종 목표를 달성하는 과정에 발생하는 단계별 전환. '가입' 또는 '웹사이트 방문' 등을 예로 들 수 있다.

많이 발생하기 때문에 이를 통해 데이터를 측정하고 성과를 개선해나갈 수 있다.

여기 마이크로 전환과 매크로 전환을 비교한 그림이 있다. 원의 크기는 각각의 전환 유형이 당신의 사업에 가져다주는 가치의 크기를 뜻한다.

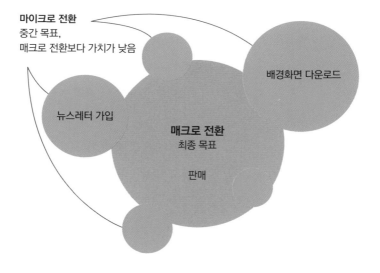

이번에는 마이크로 전환의 중요성을 나타내는 그림을 살펴보자. 대부분 덜 중요한 전환을 위한 더 많은 데이터가 존재한다는 것을 보여준다.

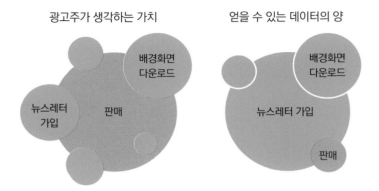

마이크로 전환이 중요한 이유

마이크로 전환이 최적화를 위해 더 많은 데이터를 제공한다.

광고주가 생각하는 가치

배경화면
다운로드

뉴스레터
가입

판매

얻을 수 있는 데이터의 양

배경화면
다운로드

뉴스레터 가입

판매

▶ 타깃 설정

온라인 광고로 매달 2,000달러를 지출하는 법률 회사의 일을 한다고 가정하자. 퍼포먼스 마케터는 법률 광고에 대한 클릭 가격이 매우 비싸, 이 정도의 예산으로는 많은 수의 매크로 전환이나 실제 매출을 달성하기 어렵다는 사실을 잘 알고 있다. 담당자는 구글 스마트 입찰의 변수들과 씨름해야 한다.

예를 들어, 최소한 매달 15개의 전환을 발생시키지 못한다면 학습된 데이터가 부족해 자동 입찰 기능을 활용하지 못한다. 담당자가 아무리 애를 써도 제한된 예산으로는 최소한의 목표를 달성하기 어렵다. 이제 남은 대안은 우선 수동 입찰 기능을 사용해 스마트 입찰을 활용할 수 있을 정도의 전환을 얻을 때까지 기다리는 것이다. 하지만 퍼포먼스 마케터라면 좀더 고민한 후 법률 회사에 이렇게 말할 수 있다.

"좋습니다. 우리는 매월 15명의 새로운 고객을 확보하기 위해 노력해보겠습니다. 하지만 당신 회사가 만든 중피종中皮腫* 백서를 100명의 사람이 다운로드하게 만드는 데 집중할 겁니다. 백서를 다운로드받은 사람들에게 이메일을 3~4번 보내면, 아마 관련된 법률 자문을 얻기 위해 연락을 하거나 고객이 될 가능성이 높아질 것입니다. 그러니 백서 다운로드를 마이크로 전환으로 설정하고, 이를 추적하고 최적화해보는 것은 어떨까요?"

데이터가 부족한 상황에서 초기에 필요한 조치가 무엇인지를 판단하는 동시에 자동화된 시스템이 제대로 작동하기 위해 필요한 '전환'을 이끌어내는 것은 결국 머신이 아니라 인간의 몫이다.

머신러닝은 데이터, 특히 매우 큰 규모의 '빅데이터' 속에서 특정한 패턴을 파악하는 데 탁월하다. 과거에는 빅데이터가 유행어에 지나지 않았지만, 이제는 엄연한 현실로 자리 잡았다. 특히 구글이나 페이스북과 같이 머신러닝 시스템을 활용할 수 있는 글로벌 플랫폼을 통해 엄청난 규모의 데이터를 모을 수 있게 된 것이 그 성장 배경이다.

시스템은 소음 속에서 의미 있는 신호를 포착하기 위해 헤아릴 수없이 많은 데이터와 사례를 처리해낼 수 있어야 한다. 이것

---

* 흉벽과 복부 내부를 덮고 감싸는 두 층으로 이루어진 막에 생기는 암.

이 구글이 그토록 대단한 위치를 점하게 된 이유다. 구글은 사용자가 광고에 노출되고 그것을 클릭하는 모든 과정에서 엄청난 양의 데이터를 관찰한다. 머신러닝은 결과에서 큰 차이를 만들어낼 수 있는 숨은 상관관계를 발견함으로써 데이터를 더욱 가치 있게 만든다.

이번에는 매월 2,000달러를 쓰는 법률 회사와 매월 50만 달러를 쓰는 스키 장비 제조회사가 있다고 가정하자. 두 회사 모두 활용 가능한 데이터에 접근하지 못하고 있다. 양쪽 모두에게 필요한 질문은 '캠페인 목표를 달성하기 위해 정말로 중요한 데이터와 요인은 무엇인가?'이다. 광고를 내보내는 시간대? 타깃 사용자의 위치? 예상 강설량? 이 중에서 캠페인 성과와 높은 연관성을 맺고 있는 것은 무엇인가?

머신러닝 시스템이 너무 적거나 혹은 너무 많은 변수에 의해 학습된다면, 결과가 편향되거나 정작 고려해야 할 요소가 간과된다. 하지만 역량 있는 담당자라면 특정한 상황에서 캠페인 목표를 달성하고 무엇이 중요한 요소인지를 판단해야 한다. 가만히 자리에 앉아 머신이 가져다주는 결과만 기다리고 있어서는 안 된다. 그동안 성공적으로 진행했던 캠페인에서 얻은 경험을 바탕으로 목표를 달성하기 위한 방향을 직관적으로 선택할 수 있어야 한다. 그래야 시스템은 스스로 계속 학습하면서 더 나은 결과를 얻을 수 있게 된다. 퍼포먼스 마케터의 전문가적 경험은 초반에 이루어지는 의사결정에서 큰 도움이 된다.

▶ 측정과 성과 보고

애드워즈의 초창기로 돌아가보자. 당시 구글 광고팀은 마케팅 전략이 대부분 광고비를 많이 지불하는 고객에 의해 좌지우지된다고 느꼈다. 우리는 이것이 마케팅 의사결정에서 옳지 않은 길이라 확신했다. 변화가 필요했다. 구글 초창기 제품 책임자였던 웨슬리 챈Wesley Chan이 2005년 어친Urchin이라는 작은 회사를 인수해 팀을 꾸렸다. 인수 직전에 나는 웨슬리와 함께 팀을 만나러 샌디에이고로 가서 인수 계약을 마무리하고 어친의 운영 지원 부문을 구글에 통합하는 작업을 했다. 이 회사는 나중에 구글 애널리틱스Google Analytics로 알려진 분석 도구의 핵심이 되었다.

폴 머렛Paul Muret, 잭 앵콘Jack Ancone, 브렛과 스콧 크로즈비 Brett and Scott Crosby 형제 등 어친의 설립자들은 의사결정이 직감에 의해 이루어져서는 안 된다고 생각했다. 사용자가 광고를 클릭한 다음 광고주 사이트에 방문해서 무엇을 하는지에 대한 충분한 데이터를 확보하는 게 중요했다. 물론 캠페인의 초기 단계라면 통계적으로 유의미한 결론을 내리기에 충분한 데이터를 확보하지 못했을 가능성이 높다. 그렇다 하더라도 대행사와 광고주는 광고 캠페인을 올바른 방향으로 진행할 수 있는 경험적 지식을 가지고 있다. 특히 대행사의 역량 있는 퍼포먼스 마케터라면 동일한 업종에서 유사한 고객에 대한 성공 사례와 경험을 보유하고 있을 가능성이 높다.

머신러닝 시스템은 A/B 광고 테스트에 필요한 훌륭한 기반을 제공해 더 나은 대안을 선택하는 데 도움을 준다. 하지만 대부분 테스트 시점에 충분한 데이터를 확보하고 있지 못하기 때문에 명백히 우월하거나 열등한 전략도 도출되지 않는다. 이때 테스트 결과는 빛을 보지 못하고 서랍 안에 처박히는 경우가 많다.

더 나은 접근 방법은 광고 소재에 대해 이런 질문을 던지는 것이다. '이 테스트 결과로 우열을 가리기가 어렵다면, 새로운 광고를 눈에 띄게 해주는 요인은 무엇이고, 어떻게 하면 이것을 더 효과적으로 만들 수 있을까?' 시간이 지날수록 데이터가 축적되고, 결국 시스템이 초기의 A/B 테스트 결과를 활용해 더 명확한 예측을 할 수 있게 된다.

마찬가지로 옵트마이저의 소프트웨어는 주요 성과 지표가 포함된 보고서를 만드는 데 유용하다. 그러나 목표를 정의하고 달성하는 데 도움이 되는 KPIKey Performance Index*를 선택하는 것은 머신보다 인간의 지식과 직관이 빛을 발할 수 있다. 광고주의 사업 목표를 명확히 이해하고 있는 퍼포먼스 마케터라면, 그 목표를 달성하기 위해 고려해야 할 중요한 데이터가 무엇인지를 판단할 수 있어야 한다.

---

* 핵심 성과 지표.

▶ 광고주의 사업과 소비자를 연결하는 메시지

검색광고를 포함한 모든 마케팅의 기본 전제는 광고주의 제품을 소비자와 연결해 문제를 해결해준다는 것이다. 구글 광고는 다양한 제품과 그것이 필요한 소비자를 연결하는 중매자와 같은 존재다.

PPC 광고에 적용된 머신러닝을 떠올릴 때, 우리는 흔히 입찰과 예산 관리와 같이 숫자와 관련된 요인을 연상한다. 하지만 광고주의 제품이 소비자가 직면한 특정 문제를 해결할 수 있는 유일한 대안이 아닐 때가 많다. 해당 제품이 차별화된 특성을 갖고 있지 않다면, 반드시 수많은 경쟁에 직면하게 된다.

이러한 관점에서 보면 단기적으로 광고주를 돋보이게 하는 전략은 높은 금액으로 입찰하는 것처럼 보이지만, 절대 그렇지 않다. 어떤 광고주는 매우 공격적으로 입찰해서 최상단의 광고 영역을 차지하고 싶어 하고, 이를 통해 경쟁에서 승리하리라 생각하겠지만, 머지않은 시간에 한계를 체감하게 된다.

그렇다면 광고주의 제품을 경쟁업체와 어떻게 차별화할 수 있을까? 그것이 바로 인간의 창의성이 발휘될 수 있는 메시지 영역이다. 제품 차별화는 고유한 가치 제안과 행동 유발 메시지에 있다. 광고주의 제품이 경쟁업체의 것보다 얼마나 훌륭한가? 사업을 얼마나 더 오래 영위했는가? 더 많은 기능이나 더 낮은 가격을 제시하는가? 더 나은 보증 조건을 제시하는가? 입찰 조건을 차치하고 소비자를 더 많이 끌어들이기 위해 어떤 메시지를 광고에 담아낼 수 있는가?

마케팅에서 인간의 창의성을 발휘할 수 있는 영역은 수많은 선택 가운데 유독 그 제품을 돋보이게 포지셔닝하는 데 있다. 지금은 어느 때보다 브랜드가 중요하다. 아마존은 소비자에게 회사가 추구하는 바를 명확하게 이해시켰다. 소비자는 아마존 프라임에서 제품을 구매하면 이틀 안에 받을 수 있다는 사실을 알고 있다. 혹시 어떤 이유에서든 제품을 이틀 안에 받지 못하더라도 아마존의 탁월한 고객 서비스가 문제를 해결한다는 믿음이 있다. 소비자가 필요한 제품을 아마존과 다른 경쟁업체에서 구입할 수 있다는 점을 고려할 때, 아마존의 브랜드 파워는 고객의 선택에 결정적인 영향을 미친다.

따라서, 광고대행사가 아마존의 경쟁업체를 고객으로 맞이했다면 '무엇이 우리를 독특하고 유일한 회사로 만드는가?'에 대한 답을 찾을 수 있도록 돕는 것이 중요하다. 해당 지역의 공급자들과 협력하고 있는가? 아마존보다 더 나은 가격을 제시할 수 있는가? 마케팅 메시지, 프로모션, 가격을 연결함으로써 광고주의 브랜드를 돋보이게 할 수 있는 기회는 무엇인가?

퍼포먼스 마케터가 앞으로도 계속 잘할 수 있는 일은 잠재고객이 상품을 구매하려고 했을 때 다양한 채널에서 노출되는 광고 문구와 이미지를 고민하는 것이다. 대부분 프로모션 이벤트에 집중하고 있는 쇼핑 광고를 예로 들어보자. 어떤 특별한 프로모션을 제안할 수 있을까? 무엇이 광고주의 가격 전략인가? 무료 배송 조건이 포함되어 있는가? 2+1 프로모션인가? 마케터가 이 모든 것을 직접 수행한다면, 이는 결국 '인간'에 대한 직관을 사용하는 것이다.

간단한 머신러닝 솔루션을 도입해서 이러한 질문에 답하게 한다면, 퍼포먼스 마케터는 협소한 분야에서 전문성을 가진 여러 개의 머신러닝 시스템을 연결하는 역할을 수행하게 되며, 이렇게 연결된 시스템은 목표 달성을 위해 서로 협력하게 된다.

이런 생각은 꽤나 구체적이고 그럴듯해 보인다. 물론 구글의 최신 머신러닝 프로젝트 소식을 접하면 죄다 잊어버릴 수도 있겠지만 말이다. 하지만 콘텐츠 제작은 사소한 것도 중요한 영향을 줄 때가 많다. 떨림 현상으로 인한 페이스북 광고를 기억하는가? 이는 머신러닝의 분석과 예측이 아니라 사람의 실수에 의해 비롯되었으며, 아주 약간 움직이는 광고가 그렇지 않은 것보다 효과적인 성과로 이어졌음을 기억하자.

▶ **반복과 차별화**

나는 부스트미디어Boost Media의 CEO였던 데이비드 그린바움David Greenbaum에 대한 글을 블로그에 쓴 적이 있다. 부스트미디어는 최고의 광고 문구가 어떤 특징을 갖고 있는지를 규명하려 노력했다.

예를 들어 '필요하다'와 '원하다'를 광고 문구에 사용했을 때, 성과 차이가 얼마나 나는지를 확인하는 것이다. B2B 광고를 운영한다면 '필요하다'는 표현이 해당 솔루션이 필요한 기업 담당자의 눈길을 끌 것이고, B2C 광고를 운영한다면 '원하다'는 표현이 잠재고객과 교감하기에 더 적절할 수 있다. 누군가가 새 옷을 구매할 때, 대부분 마음에 드는 디자인을 '원하지', '필요해서 사지'는 않는다. 하지만 화장실을 수리하고자 할 때는 '필요해서 사지', '원하지'는 않는다.

이것은 미묘하게 다른 두 어휘가 큰 차이를 만들어낼 수 있음을 보여준다. 머신러닝은 아직 미묘한 언어의 차이를 계산에 반영하는 데 탁월하지는 않다. 머신이 이러한 업무를 얼마나 잘 수행하게 될지는 모르지만, 아직까지는 마케터와 광고주와 소비자처럼 매일같이 자연어로 의사소통하지 않는다는 것은 분명하다.

머신이 동의어나 유의어 사이의 의미와 차이를 분석할 수는 있지만, 인간은 직관적으로 이해한다. 어감 또한 나라마다 다르다. 영국식 영어는 미묘하게 미국식 영어와 다르다. 머신러닝이 그런 차이를 학습할 수는 있겠지만, 인간은 이미 메시지를 가장 정확하게 전달할 수 있는 단어가 무엇인지를 파악하는 데 몇 걸음 앞서 있다.

영국의 현금인출기를 예로 들어보자. 내가 예민한 탓일 수도 있지만, 캘리포니아 출신으로서는 이 메시지가 그리 달갑지 않다. 미국의 현금인출기는 아마도 '고객님의 요청을 진행하고 있습니다We are processing your request'라고 표시할 것이다. 미국인에게 '처리 중dealing with'이라는 표현은 현금인출기가 고객의 요청을 다소 귀찮아한다는 느낌을 줄 수 있고, 이로 인해 고객을 불쾌하게 할 수도 있다.

내가 구글에서 참여했던 프로젝트 중에 '매드 립스Mad Libs'**에 착안한 '애드 립스Ad Libs'라는 것이 있었다. 이 시스템은 다양한 질문을 던진다. '업종은 무엇이고, 회사는 어디에 있나요?' 답변은 이랬다. '캘리포니아주, 팰로앨토의 레스토랑.' 시스템은 그 레스토랑을 위한 광고를 만들어낸다. 레스토랑이 제공하는 음식의 종류를 입력하면, 시스템은 그것을 광고 소재에 반영한다.

문제는 모두가 애드 립스 시스템을 활용하기 시작하면서 팰로앨토의 레스토랑과 관련된 검색광고가 모두 비슷해졌다는 것이다. 이것은 마케팅 문제일 뿐 아니라 기술적 문제이기도 했다. 모든 광고가 비슷해 보이면 머신러닝은 혼란에 빠진다. 머신러닝이 계속해서 진화하려면 다양한 입력값이 어떤 차이를 만들어내는지를 학습하고, 이를 통해 무엇이 더 효과적인지를 판단할 수 있어야 한다.

광고가 서로 비슷해지면 소비자는 점점 더 따분해하고 결국 클릭하는 횟수가 줄어든다. 광고주는 애드워즈에 오류가 발생한 것은 아닌지 의심한다. 일부 오류가 발견되기는 했지만, 그것은 프로그램의 근본적인 문제는 아니었다.

웹페이지에 노출되는 모든 광고가 사실상 똑같아지면서 머신

러닝은 이제 무엇이 더 나은 결과를 보여줄지 판단하지 못하게 되었다. 머신러닝 모델은 더는 학습하고 개선할 수 없었고, 이러한 상황에서 다양한 접근 방법을 시도하는 퍼포먼스 마케터의 존재와 역할이 필수적이 되었다.

예를 들면, 'Younique'라는 이름의 화장품 회사가 있었는데 'unique'라는 단어를 'Younique'라고 표기한 것이 잠재고객의 뇌리에 깊은 인상을 남겼다. 이 회사의 PPC 광고는 평균보다 훨씬 높은 클릭율과 전환율을 기록했다. 이 회사의 이름은 일종의 언어 유희인 셈인데, 이것은 머신러닝의 산물이 아니다. 이유가 무엇이든, 요즘 유행하는 일종의 '밈Meme'*으로 이름이 꽤 신선해 보였고 이런 접근은 분명 효과가 있었다. 뇌리에 각인되는, 웃기고 이상하고 확실히 구별되는 이 철자법은 머신러닝이 결코 만들어낼 수 없다.

▶ **정보로서의 광고**

애드워즈가 성공적이었던 이유는 사용자가 광고를 정보의 일부분으로 받아들이게 했다는 사실이다. 구글의 공동 창업자인 래리 페이지와 세르게이 브린은 원래 광고를 좋아하지도

---

* 모방의 형태로 사람과 사람 사이에 전파·확산되는 생각, 행동, 이미지 등을 일컫는 말이다. 리처드 도킨스가 『이기적 유전자』에서 문화의 진화를 유전자의 진화에 빗대어 설명하는 과정에서 처음 제기되었다.

않았고 사업화하고 싶어 하지도 않았다. 하지만 마음을 고쳐먹고 광고 사업을 시작했으며, 이 결정으로 구글은 역사상 가장 성공한 기업이 되었다. 두 공동 창업자가 광고 사업을 승인할 수 있었던 것은 광고가 구글 검색 결과처럼 정보의 일부분이 될 수 있다는 주장에 설득되었기 때문이다.

사람들은 자동차가 고장났거나 화장실을 수리해야 할 상황에 처했을 때와 같이 무언가 해결책이 필요할 때 검색엔진을 이용한다. 바로 이 지점에서 광고는 도움이 필요한 소비자와 도움을 줄 수 있는 제품 혹은 서비스를 제공하는 공급자를 연결해줄 수 있다.

연결이 성공적으로 이루어질 때, 광고는 사용자들을 짜증나게 하는 소음이 아니라 유용한 정보로 간주된다. 대부분의 사람들은 변기 고치는 법을 알려주는 웹페이지나 유튜브를 찾아보는 대신 능숙한 배관공을 찾고 싶어 하고, 배관공은 비용을 지불하고 화장실을 고치고 싶은 고객을 찾고 싶어 한다. 이 둘을 연결하는 것이 광고의 역할이다.

광고를 정보로도 간주하는 사람이 있다는 것은 일리 있는 관점이다. 이것은 또한 퍼포먼스 마케터가 창의성을 어느 정도 제한할 필요가 있음을 뜻한다. 유튜브에서 바이럴viral을 일으킬 만큼 재미있는 광고 영상을 만들었지만, 정작 고객이 검색창에 쓴 질문에 대한 해결책을 제시하지 못한다면 고객은 결코 만족하지 못한다.

결국 또다시 검색하면서 광고를 검색 결과의 일부로 받아들인다. 물론 이들은 자신이 마케팅의 대상임을 알고 있으며, 광고가 필요한 정보를 제공해주지 못할 때 광고 대신 일반 검색 결과를 클릭한다.

구글 광고의 스마트 학습 시스템은 광고 문구의 다양한 조합을 시도하고 있다. 반응형 검색광고라 불리는 이것은 이미 공개된 바 있다. 구글은 이제 완성된 광고 문구 대신 시스템이 스스로 조합할 수 있는 광고 요소를 요구한다. 그럼에도 시스템은 여전히 마케터에게 헤드라인의 다양한 버전(짧은 버전, 긴 버전, 매장명이 들어간 버전, 그렇지 않은 버전 등)을 요청한다.

구글 광고는 광고 소재와 관련된 다양한 데이터를 지속적으로 제공받는 것을 원한다. 하지만, 머신러닝 시스템은 광고주의 가치 제안이 무엇인지, 무엇이 매장을 특별하게 만드는지를 파악하지 못한다. 광고주의 목표와 니즈를 이해하고, 이를 담아낸 메시지를 개발할 수 있는 퍼포먼스 마케터의 역할이 바로 여기에 있다.

이 초기 단계(광고주가 사업을 어떻게 홍보하는지, 광고주가 소비자 확보를 위해 어떻게 설명하는지 등)의 성패는 전문가의 손에 달려 있다. 머신은 이 모든 것을 판단할 충분한 근거를 갖고 있지 않다. 전문가가 초기값을 입력한 후에야 구글이 제 실력을 발휘할 수 있다.

▶ 고객 세그먼트

　　머신러닝은 다양한 방법으로 퍼포먼스 마케팅의 창의적인 측면을 더욱 흥미롭게 만들고 있다. 수년 전만 하더라도 스니커즈를 판매할 때, 애드워즈에 광고 소재 2~3개를 제출하는 것으로 충분했다. 잠재고객이 남자인지 여자인지, 나이는 몇 살인지, 가구 소득이 얼마인지에 대한 고려는 없었다. 심지어 더욱 중요한 질문, 즉 잠재고객이 웹사이트를 몇 번이나 방문했는지, 장바구니에 담아둔 스니커즈가 있었는지는 중요하게 여기지 않았다.

　이제 구글은 잠재고객을 타깃팅하는 새로운 방법을 추가하면서 다양한 광고를 게재하거나 입찰가를 적절하게 변경할 수 있도록 했다. 문제는 광고 그룹을 설정할 수 없거나, 설정하고 싶지 않은 무수히 많은 조합이 존재한다는 사실이다. 이러한 상황에서는 머신러닝이 CTR과 CVR을 예측해 전환 가능성이 높은 광고를 게재하고, ROAS 목표를 달성하는 데 가장 효과적인 입찰 전략을 구사하는 것이 합리적이다.

　광고주는 다양한 고객군을 타깃팅할 수 있기 때문에, 이에 비례해 광고 문구도 더욱 다양하게 만들어야 한다. 24세에서 35세 사이의 여성 중 광고주의 웹사이트를 자주 방문하는 사람들의 뇌리에 남을 만한 광고 문구를 만들어낼 수 있어야 한다는 뜻이다. 웹사이트에 방문한 적 없는 65세 남성을 위한 메시지와는 분명 달라야 하지 않겠는가?

마케팅에서 성과 분석은 제품을 판매하는 단계가 아니다. 이는 잠재고객이 무엇을 중요하게 생각하는지를 파악하는 단계다. 다수의 사용자가 호텔 객실을 매우 유사한 방식으로 검색한다 하더라도, 잠재고객이 할인 객실을 선호하는지, 럭셔리한 스위트룸을 선호하는지, 대형 호텔 체인보다 지역의 유서 깊은 호텔을 선호하는지를 구분해내는 것이 중요하다.

사용자의 특성에 따라 뇌리에 남는 메시지도 다를 수밖에 없다. 따라서 2~3개의 일반적인 호텔 광고를 만드는 것보다는 더욱 다양한 소재를 개발함으로써 더 큰 성과를 낼 수 있다. 이제는 맞춤형 메시지를 잠재고객에게 전달할 수 있기 때문에 수백 개의 광고 소재를 운영하는 것도 어렵지 않게 찾아볼 수 있다.

퍼포먼스 마케터는 주요 잠재고객의 유형을 분류하고, 이들을 위한 매력적인 광고 소재를 만들어야 한다. 이 작업이 선행되면 비로소 머신러닝은 적시에 목표로 한 잠재고객에게 적절한 광고 소재를 전달함으로써 성과를 낼 수 있다.

그러나 더 작고 엄밀하게 정의된 고객 세그먼트를 타깃팅할 수 있다고 해서 그 모든 세그먼트를 위한 광고 소재를 개발해야 하는 것은 아니다. 시간과 자원은 한정되어 있기 때문에, 현명한 퍼포먼스 마케터라면 우선순위가 가장 높은 세그먼트에 집중하고 덜 중요하고 작은 세그먼트는 자동화에 맡기는 편이 합리적이다.

머신러닝 시스템은 특정한 고객 세그먼트를 타깃팅하는 광고를 몇 개 더 작성하도록 요청하지 않는다. 중요한 잠재고객이 누구인지 파악하는 것은 결국 퍼포먼스 마케터에게 달려 있다. 타깃Target*과 같은 대형 브랜드도 이런 업무를 수행하고 있는데, 수많은 소비자가 타깃에서 쇼핑을 하지만 타깃이 마케팅 캠페인을 벌일 때는 특정 소비자가 아니라 세그먼트를 대상으로 한다. 타깃이 중요한 세그먼트를 놓치고 있었다면, 바로 그 지점에 성장 기회가 있는지 살펴보아야 한다.

특정 세그먼트의 고객으로 하여금 타깃에서 쇼핑하도록 하려면, 어떤 메시지를 전달해야 할까? 이러한 결정은 여전히 회사의 리더 그룹이나 마케팅팀에 의해 이루어지며, 구글 광고의 머신러닝과는 아무 관련이 없다.

잠재고객을 세그먼트한 후에는 신규 고객을 유치하기 위한 창의적인 솔루션을 찾아야 한다. 배후에서 작동되는 머신러닝은 캠페인 테스트를 반복하고 성과를 개선함으로써 최적화해나가는 데 기여하지만, 캠페인의 창의적인 요소는 여전히 마케팅 전문가의 몫이다.

타깃팅에도 선택과 집중에 대한 요구가 동일하게 적용된다. 주고객층이 24세에서 35세의 여성이라면, 고객의 세부 세그먼트에 호소할 수 있는 일련의 광고 문구를 개발해야 한다. 반면 웹사이트에서 제품을 구매할 가능성이 낮은 65세 남성에게는 전혀 집중할 필요가 없다.

---

* 미국의 대형 할인 마트 체인.

구글 애널리틱스는 주 고객층이 어떤 사람들이며, 그들의 특성이 어떠한지를 분석함으로써 타깃팅하는 데 도움을 준다. 웹사이트에 방문한 적이 있는 사람의 리마케팅Remarketing* 리스트를 생성한다면 몇 번 방문했는지, 페이지를 어떤 순서대로 방문했는지 분석함으로써 더 정교한 타깃팅을 가능하게 만든다.

▶ 넓은 시야를 가져라

타깃팅 기술의 발전에 힘입어 일대일 온라인 마케팅을 구현하기가 더 쉬워졌다. 이를 통해 ROAS의 관점에서 더 나은 결과를 도출할 수 있지만, 광고를 연관성 낮은 사용자들에게 전달한다면 오히려 브랜드에 부정적인 영향을 줄 수도 있다. 이러한 문제를 미연에 방지하고 성과를 향상시키는 전략이 바로 '리마케팅'이다.

이미 브랜드 웹사이트에 방문한 적이 있는 사용자들을 식별하고, 그들에게 어떤 광고를 보여줄 것인지 결정한다. 사용자가 브랜드 웹사이트에 방문한다면 구글은 해당 사용자를 인터넷상의 어디에서나 식별 가능하도록 쿠키cookie**를 설치한다. 사용자가 아디다스 스니커즈를 찾기 위해 신발 판매 웹사이트를

---

* 광고주의 웹사이트나 모바일앱을 방문했거나 광고 등에 반응한 적이 있는 사용자를 식별해 또 다른 광고나 이메일 등 메시지를 전달하는 마케팅 행위와 그 기술.
** 인터넷 웹사이트의 방문 기록을 남겨 사용자와 웹사이트 사이를 매개해주는 정보.

방문해 '최고의 러닝용 운동화'를 검색한다면, 그 웹사이트의 광고주는 분명 더 높은 금액으로 광고에 입찰할 것이다.

여기에 더해서 광고주는 대행사에 "나는 일반적인 광고를 보여주고 싶지 않습니다. 그보다는 '아디다스 운동화를 지금 즉시 10% 할인 판매합니다'라는 메시지를 보여주고 싶어요"라고 요청할 수 있다. 아디다스 러닝화를 구입하려는 사용자라면 이러한 메시지가 뇌리에 남을 것이다.

이처럼 광고가 강력한 효과를 발휘하는 한편, 반대로 광고를 매우 귀찮게 생각하는 사람도 늘어날 수 있다. 익사이트&라이코스Excite & Lycos*에서 벌어졌던 일을 돌이켜보면, 이러한 부작용이 매우 심각한 결과를 초래할 수 있다는 교훈을 준다. 수익에 치중한 나머지 짜증나는 배너광고를 남발한 그들은 오래 가지 않아 사용자의 외면을 받았다.

리마케팅 광고 또한 매우 성가신 존재가 될 수 있다. 독자도 이 말에 공감할 것이다. 어떤 웹사이트에서 제품을 살펴보고 나면, 다른 웹사이트에서 뉴스를 읽는 중에도 자신이 살펴본 제품과 관련된 이미지로 뉴스 기사가 도배되는 경험을 한 적이 있을 것이다.

머신을 그대로 내버려둔다면, 머신은 부여된 임무, 즉 가능한 한 많은 전환을 이끌어내는 것에만 집중한다. 머신은 사람들을 짜증나게 하는 것이 나쁘다는 사실을 알지 못한 채 오로지 판매

---

* 닷컴 시대에 많은 사용자에게서 사랑받았던 인터넷 포털사이트.

를 일으키기 위해 작동한다. 광고를 보여줄 때마다 전환의 기회가 발생하기 때문에 머신은 계속해서 광고를 노출한다. 결국 광고를 접한 사용자 중 일부는 웹사이트에 방문해 그 제품에 대한 관심을 표출한다. 바로 이 지점에서 퍼포먼스 마케터는 더 넓은 시야를 가져야 한다. 훌륭한 전문가라면 이렇게 분명하게 말해야 한다.

"아마도 리마케팅 광고는 저렴한 클릭으로 전환을 가져올 수도 있을 겁니다. 하지만, 사용자들이 광고를 클릭한 지 7일이 지난 후에도 제품을 구매하지 않았다면, 이제 광고를 노출하지 않는 편이 나을 것입니다. 사용자를 귀찮게 하면 브랜드의 평판이 나빠지니까요. 사용자가 떠나가지 않도록 잠시 물러서 있자고요."

여기 아주 극단적이면서도 유용한 사례가 있다. 어떤 사람이 종이 클립 공장을 운영하는 게임을 개발했다. 게이머는 공장을 몇 개나 가동할지, 직원을 몇 명 고용할지 결정해야 한다. 그러면 인공지능이 투입되어 종이 클립을 최대한으로 생산할 수 있도록 공장을 최적화한다.

게임이 끝날 즈음에는 안타깝게도 모두가 피할 수 없는 죽음을 맞이한다. 이런 결말을 맞이하게 된 원인은 사업 목표를 매우 근시안적으로 설정하고 목표 달성을 위한 역할과 방법을 충분히 고려하지 않은 채, 머신이 오로지 한 가지 임무에만 집중했다는 것이다. 머신이 가능한 한 많은 종이 클립을 생산하는 임무를 부여받았다면, 아마도 가용한 모든 자원을 최대한 활용해 소진될 때까지 종이 클립을 생산했을 것이다. 이로 인해 결국 인류는 종말을 맞이한 것이다. 머신은 종이 클립을 구매할 사람이 남아 있지 않은 상황에서 그것이 무의미하다는 사실이나, 종이 클립을 만들기 위해 사람을 착취하고 혹사하는 것이 윤리적으로 옳지 않다는 판단을 내리지 못한다.

이는 머신러닝의 문제를 보여주는 은유다. 머신에 앞뒤 맥락없이 단 하나의 목표를 부여할 때, 머신은 때때로 애초에 의도하지 않았던 방향으로 너무 멀리 가버린다. 리마케팅은 종이 클립 게임처럼 소름 끼치거나 극단적인 사례는 아니지만, 자동화를 지나치게 좁게 정의할 때 잠재고객을 짜증나게 하는 것과 같은 의도치 않은 부작용을 초래할 수 있음을 잊지 말아야 한다.

다시 한번 강조하지만, 〈AI〉*에서 묘사된 완벽히 일반화된 인공지능은 아직 구현되지 않았다. 어쩌면 영화 속 인공지능이나 '내 사업 목표는 다음과 같다. 이 목표를 달성하기 위해 모든 광고를 처리하라'고 말할 수 있는 수준의 PPC 머신러닝은 우리 세대에 볼 수 없을지도 모른다.

하지만 현실에서 우리는 특화된 기능을 가진 머신러닝 솔루션을 활용할 수 있으며, 어떤 솔루션을 투입할지는 결국 인간이 결정해야 한다. 어떤 머신러닝 모델이 서로 잘 협업할 수 있을지, 어떤 것끼리 서로 상충되어 원하지 않는 결과를 초래할지 판단하

---

* 스티븐 스필버그 감독의 SF 영화. 2001년에 개봉했다.

는 것도 인간의 몫이다.

▶ 최적화와 제약

　　퍼포먼스 마케터의 또 다른 역할은 어떤 기술을 활용할지 결정하는 것이다. 이것은 결국 최적화 문제다. 구글의 기술은 무료지만, 좀더 나은 결과를 가져다주는 유료 솔루션이 존재한다. 솔루션 이용 비용을 지출하는 것은 그만한 가치가 있을까? 어떤 시스템이 광고주의 니즈를 더 잘 충족시켜줄 수 있을지 판단하기 위한 실험이 필요할 수도 있다. 이후에는 새로운 고객이 찾아왔을 때, 비용이 드는 실험을 건너뛰고 대행사가 이미 확인한 솔루션을 바탕으로 고객을 올바른 방향으로 안내할 수 있다.

　하지만, 구글 광고는 점점 더 많은 자동화 기능으로 무장하고 있기 때문에, 어떤 솔루션이 최적의 결과를 가져다줄지 판단하는 것은 한층 더 복잡한 일이 되었다. 또한 이와 관련해서 광고주가 시스템을 원활히 활용하기에 충분한 양의 데이터를 확보하고 있는지도 중요하다. 주요 유통망을 통해 대량으로 판매하는 품목에 최적화된 자동 입찰 도구가 있을 수 있다. 하지만 머신이 유사성을 파악하고 의미 있는 최적화를 하기에 충분한 데이터를 확보하고 있지 못하다면, 판매량이 적은 품목에는 제대로 작동하지 않을 수도 있다.

　첫 번째로 답해야 할 질문은 활용 가능한 모든 자동화 도구 중에서 무엇이 광고주의 니즈에 가장 부합하느냐는 것이다. 두 번째 질문은 광고주가 자동화된 도구를 활용할 수 있을 만큼 충분한 예산을 확보하고 있느냐는 것이다. 세 번째 질문은 제약과 관련이 있다. 머신에 가능한 한 많은 전환을 확보하도록 설정하면서 예산을 얼마나 사용할 수 있을지 정하지 않는다면 문제가 발생한다. 머신에 "가능한 한 많은 전환을 확보하라"고 한다면, 그것이 광고주가 수백만 달러를 지출할 의향이 있음을 의미할까? 슈퍼카나 다이아몬드를 판매하는 것이 아니라면, 그런 광고주는 없을 것이다. 따라서 최적화를 할 때 어떤 제약이 고려되어야 하는지를 반드시 결정해야 한다.

제약 요인은 생각만큼 분명히 드러나지 않는다. 나는 고객에게 "수용 가능한 고객 유치 비용이 얼마입니까?"라고 묻는다. 대부분의 고객은 여기에 답하지 못한다. 고객 1명이 얼마의 가치를 갖고 있는지 이해하고 있다 하더라도 고객을 유치하기 위해 얼마를 지불해야 합리적인지 알지 못하는 것이다.

뛰어난 성과를 얻고 싶은 광고주라면 이런 논리를 잊어서는 안 된다. 법률 회사에 잠재고객에게서 클릭을 얻기 위해 50달러를 지출해야 한다고 말하면, 광고주는 놀라서 나가떨어질 것이다. "클릭 한 번에 50달러는 너무 큰 금액 아닌가요?"라고 말할 것이다. 하지만, 법률 회사의 광고를 클릭한 20명 중 4명이 자신의 정보를 제공하고 그중 1명은 고객이 된다고 가정하자. 고객 1명을 얻기 위해 50달러씩 20번의 클릭을 일으켜야 하고, 이를 위해 120달러를 지출하게 된다. 하지만 고객 1명이 5,000달러를 지출한다면, 클릭당 50달러는 좋은 조건에 속한다.

이 또한 인간이 개입해야 할 중요한 지점이다. 광고주가 "클릭당 50달러는 너무 비싸요"라고 말할 때, "글쎄요. 듣기에 따라선 비싸다고 할 수도 있겠죠. 그 마음도 이해합니다. 하지만, 우리는 이미 CVR을 파악하고 있어요. 생각해보세요. 당신 회사 고객은 평균 5,000달러를 쓴다고 이야기했습니다. 그러니 이것은 투자할 가치가 충분합니다"라고 말할 수 있어야 한다. 광고주가 이런 조언을 해줄 수 있는 전문가를 보유하고 있지 않다면, 캠페인은 진행되지 않을 것이고 결국 대행사는 고객을 위한 성과 창출 기회를 잃게 된다.

앞에서 우리는 지역의 정보를 가진 사람이 가장 빠른 경로를 찾아내는 데 어떻게 GPS를 능가할 수 있는지를 알아보았다. 지역 전문가는 분명한 이점을 갖고 있다. 마케팅에서 사람은 지역 전문가와 같다. 창의성에 기반한 인간의 능력은 아직 머신에 의해 대체되지 않았다.

그렇다면 인간의 능력은 영원히 대체불가능한 것일까? 최근까지도 나는 "절대로 대체되지 않을 겁니다"라고 말해왔다. 하지만 구글 알파고 제로AlphaGo Zero*의 승리 이후에 조금씩 고민하기

---

* 알파고의 버전 중 하나로, 기보 등 데이터의 입력 없이 스스로 학습하는 강화학습 기반의 머신러닝. 바둑을 72시간 동안 독학한 후에 이세돌 9단을 꺾은 알파고 리 버전에 100전 100승한 것으로 알려져 있다.

시작했다. 머신러닝 시스템은 너무나 강력해서 바둑 기사를 꺾기 위해 그들의 기보棋譜를 학습할 필요조차 없게 되었다. 이 시스템에 필요한 건 엄청나게 많은 시뮬레이션을 극도로 빠르게 수행하기 위한 컴퓨팅 파워뿐이었다. 무어의 법칙에 따라 컴퓨팅 파워는 현실이 되었고 앞으로도 계속해서 성장할 것이다.

하지만 알파고 제로에 투자된 돈은 수억 달러에 이른다. 인간의 능력은 어쩌면 대체 가능할 수도 있지만, 어디까지나 엄청나게 큰 투자가 있어야만 가능하다. 앞으로 보게 되겠지만, 대부분 머신이 인간과 협업하는 것이 인간을 완전히 대체하는 것보다 훨씬 효율적이고 경제적이다.

여전히 인간이 머신보다 잘할 수 있는 영역이 존재한다. 하지만, 머신이 인간보다 훨씬 더 효과적으로 입찰을 수행한다는 사실은 분명하다. 이것은 컴퓨터가 올바른 입력값을 가질 때, 인간보다 잘할 수 있는 영역이다.

4 ▶

머신이 마케터보다
잘할 수 있는 일

수전은 2003년부터 입찰 관리를 해온 숙련된 PPC 전문가이자 퍼포먼스 마케터다. 수전이 처음 일을 시작하던 때, 애드워즈는 '사용자가 당신의 광고를 클릭한다면, 얼마를 지불할 의향이 있습니까?'라는 질문을 던졌다. 수전은 한 가지 제품에 대해 캘리포니아주를 타깃팅한 캠페인과 뉴욕주를 타깃팅한 캠페인을 각각 설정했다. 그는 두 캠페인의 입찰 가격만 아주 조금 다르게 설정하고, 캠페인 설정과 관련된 일련의 과정은 모두 동일하게 했다.

캠페인을 설정한 후 시간이 흐르자, 입찰 조건을 조정할 필요가 생겼다. 구글이 몇 가지 요인, 즉 하루 중 어떤 시간대, 요일, 지역, 사용 기기 등에 기초해 마케터 스스로 입찰을 조정하도록 만든 것이다. 수전은 다음과 같은 질문을 받았다.

"누군가가 캘리포니아 로스앨터스에서 화요일 아침 7시에 스마트폰으로 검색한다면, 같은 금액을 입찰하겠습니까, 아니면 다른 금액을 입찰하겠습니까?"

수전이 발생 가능한 모든 시나리오를 검토하기에는 너무 복잡했다.

▶ 기하급수적으로 증가하는 복잡성

그런데 복잡한 절차는 기하급수적으로 증가했다. 하루 중 특정 시간대에서 구글은 옵션 6개를 설정할 수 있도록 했다. 대부분의 광고주는 이 옵션을 폭넓게 해석하고 오전 6~9시, 9~12시, 오후 12~3시, 3~6시 등으로 설정했다. 하지만, 15분 단위로 설정하는 것도 가능했다. 물론 광고주가 6개의 시간대를 모두 15분 간격으로 설정할 때, 하루 중 단지 90분 밖에 광고를 운영하지 못할 것이고 이는 실효성이 아주 떨어진다. 옵트마이저가 1시간씩 24개의 시간대를 설정할 수 있도록 한 이유가 바로 여기에 있었다.

시간대에 더해 연령이나 성별과 같은 인구통계학적 요소, 사용자의 사이트 방문 여부, 페이지 조회 여부 등의 요인을 함께 고려할 때 선택 가능한 경우의 수는 기하급수적으로 증가하며, 입찰은 단 하나의 경우가 아닌 다양한 변수의 조합으로 이루어진다.

수전은 이제 지속적으로 증가하는 입찰을 관리해야 한다. 사실 모든 잠재적 변수를 고려한다면, 단 하나의 키워드에 대해서 수만 개의 입찰이 설정되어야 하는 경우가 발생한 것이다.

1,000개의 위치 × 3개의 기기 종류 × 2개의 성별 × 5개의 연령대
=180,000개의 입찰

물론, 어떤 광고주도 키워드를 한 개만 운영하지는 않는다. 2003년으로 되돌아가보자. 구글은 수전과 다른 마케터에게 클릭당 단가 입찰을 요구했다. 하지만 구글을 제외하고 누구도 클릭당 단가를 신경 쓰지 않았다. 광고주가 신경 쓰는 것은 신규 고객을 확보하는 데 필요한 단가였다. 그들은 광고비를 얼마나 투자해 돈을 얼마나 버는지 알고 싶을 뿐이다.

수전을 비롯한 PPC 전문가들은 순전히 필요에 따라 수학을 활용했다. 머신러닝이 아직 소개되지 않았기 때문에, 입찰 과정은 자동화되지 않았다.

수전은 PPC 환경에 적응하기 위해 전통적인 마케터의 역할을 벗어나 스프레드시트 중독자가 되어야만 했다. 영화 〈이미테이션 게임〉*이나 다큐멘터리 〈톱 시크릿 로지〉**를 보았다면 알 수 있겠지만, '컴퓨터'라는 단어는 원래 머신을 뜻한 것이 아니라, 제2차 세계대전 당시 영국 비밀정보국을 위해 계산 업무를 수행했던 여성들을 일컫는 말이었다. '컴퓨터'는 일종의 직업이었다.

---

* 모르텐 튈둠 감독의 2014년작. 수학자 앤드루 호지스의 작품이 원작이며, 베네딕트 컴버배치가 컴퓨터 과학의 선구자인 앨런 튜링 역을 연기했다.

** 리앤 에릭슨 감독의 2010년작. 제2차 세계대전 당시 초창기 컴퓨터인 애니악 (ENIAC)을 프로그래밍했던 여성들의 활약을 다루고 있다. 이들의 기여 덕분으로 미국은 탄도 분석의 정확도를 획기적으로 높일 수 있었다.

하지만, IBM의 메인프레임 컴퓨터가 등장하면서 컴퓨터는 일자리의 의미로 쓰이지 않았고, 계산 업무를 수행하던 여성들도 필요 없게 되었다. 펜과 종이를 이용해서 우주왕복선의 항로를 계산할 필요도 사라지게 된 것이다. 머신은 더 빠르면서도 정확하게 원하는 답을 계산했다.

유사한 현상이 PPC 입찰 관리 분야에서 발생했다. 컴퓨터는 이 분야에서 인간보다 나은 성과를 보여준다. 머신러닝의 등장에 힘입어 광고주의 사업 목표를 구글에 알려주면, 그에 따라 입찰을 조정할 수 있게 되었다. 그뿐만 아니라, 구글의 스마트 입찰은 고객의 생애 가치 관점에서 전환을 유도할 수백만 개의 잠재 요인을 고려해 최적의 입찰을 찾아낸다.

나는 이 현상을 초창기 고객과의 회의에서 깨달았다. 구글은 애초에 이메일로 고객 업무를 처리해왔지만, 어느 시점부터인가 애드워즈에 큰 예산을 집행하는 광고주와 직접 만나 회의를 진행하기로 결정했다. 우리 팀은 한 광고대행사와 회의를 갖기 위해 샌디에이고를 방문했고, 대행사에서는 관계자 4명이 참석했다. 우리가 15분 정도 발표했는데, 대행사 참석자 중 1명이 꾸벅꾸벅 졸고 있었다. 우리는 서로를 쳐다보며 이렇게 마음속으로 이야기를 주고받았다.

"이게 어찌된 영문이지? 우리는 사람들이 모두 만나고 싶어 하는 '구글'에서 온 사람들이라고! 광고주들이 우리를 만나지 못해 안달인데…. 그래서 우리가 여기까지 와서 직접 회의를 하는데,

우리 앞에서 졸고 있네? 이게 도대체 어찌된 일이야?"

우리의 생각을 알아차리기라도 했는지, 꾸벅꾸벅 졸던 사람의 상사이자 광고대행사 팀장이 말했다.

"부디 이해해주세요. 매일 아침 광고가 제대로 송출되는지, 매일 저녁 광고가 제대로 중지되었는지 확인하는 일을 맡고 있답니다. 그래서 가장 먼저 출근하고 가장 늦게 퇴근하거든요."

우리는 믿을 수 없었다. 사람이 광고를 송출하고 중지하는 일을 직접 챙기고 있다니! 도대체 말도 안 되는 상황이었다. 그 불쌍한 직원은 너무나 피곤한 나머지 말 그대로 머리를 제대로 들고 있을 수 없었다. 우리는 이 업무를 자동화할 수 있다고 판단했고, 실제로 그렇게 했다.

▶ 기여도 분석 모델

물론 광고의 송출과 중단을 자동화하는 것은 시작에 불과했다. 자동화는 시간대를 구분하는 것에서부터 입찰 관리와 기여도 모델링과 같은 중요한 업무에 적용되었다. 기여도 모델링이란 각각의 마케팅 활동이 전환에 이르기까지 기여하는 몫을 결정하는 것을 말한다.

전통적으로 광고주는 최종 클릭 기여도 모델, 즉 전환 직전에 이루어지는 가장 마지막 클릭에 모든 기여도를 부여하는 방식에 의존해왔다. 하지만 이제 더 많은 데이터와 컴퓨팅 파워를 통해 고도화된 모델을 구현할 수 있게 되었다. 최종 클릭 기여도 모델에 비해 더욱 정확한 분석을 도출할 수 있게 되었다. 하지만 한편으로는 우리가 발견해내야 하는 영역이 더욱 복잡해지기도 했다.

10~15년 전, 어떤 제품을 구매하려는 사용자는 검색을 비롯해 10여 가지의 활동을 했다. 오늘날 사람들은 구매를 위해 온라인에서 수백 가지의 행동을 한다. 구글홈허브, 스마트폰, 노트북과 같은 다양한 기기를 통해 SNS에 접속하고, 동영상을 시청하며, 기사를 읽고, 배너광고를 본다. 머신러닝은 이처럼 복잡다단한 상호작용의 가치를 데이터 기반 기여도 분석과 같이 정교한 모델을 통해 분석하는 데 활용된다.

판매 직전의 최종 클릭에만 가치를 부여한다면, 최종 클릭을 가능하게 한 선행 마케팅 활동을 간과하게 된다. 소셜 네트워크와 디스플레이 네트워크 광고, 유튜브 영상 등을 통한 브랜드 노출도 매출에 기여했다. 머신러닝은 최종 클릭 모델 외의 다양한 기여도 모델을 생성한다. 최종 클릭에 더 큰 가중치를 부여할 수도 있고, 전환에 이르기까지 발생한 다양한 상호작용에 각기 다른 가중치를 부여할 수도 있다. 다시 말하지만, 이것은 머신이 사람보다 더 잘 해낼 수 있는 수학적 작업이다.

이처럼 다양한 기여도 분석 모델 중에는 모든 상호작용을 고려하는 데이터 기반 기여도 모델도 포함된다. 이 모델에 따르면, 어떤 가정에 기초해 일반화된 분석을 시도하기보다는 각각의 상호작용을 하나하나 들여다본다.

예를 들어, 사용자가 '스니커즈'라고 검색한다고 해보자. 그리고 '내가 러닝화를 찾고 있었지?'라고 깨달은 다음, 다시 한번 검색하고 마지막으로 아디다스 러닝화를 검색한다고 가정하자.

사용자는 이렇게 세 번의 검색을 수행하고 나서야 러닝화를 구매한다. 구글의 데이터 기반 기여도 모델은 두 번째 검색어를 보고 이렇게 묻는다.

"사용자가 지금 '러닝화'를 검색한다면, 그들이 실제로 러닝화를 구매할 확률이 얼마나 될까?"

그리고 여기에 특정 점수가 부여된다. 시스템은 실시간으로 묻고 답한다. 해당 사용자의 기록, 향후 검색할 가능성이 큰 항목, 현재 수행 중인 특정 검색을 기초로 판단할 때, 해당 클릭이 광고주가 최종 목표를 달성하는 데 기여하는 몫은 얼마인가?

이것은 머신러닝을 활용할 수 있는 또 하나의 중요한 영역이다. 인간은 수백만 혹은 수십억 개의 데이터를 놓고 어디서부터 어떻게 분석해야 할지 판단하기 어렵다. 머신러닝은 매우 미미한 상관관계일지라도 그것을 발견하고 하나의 신호로 해석할 수 있으며, 광고주가 더 큰 가치를 얻도록 더 나은 입찰 전략을 제시할 수 있다.

인간은 울창한 숲속에서 특정한 나무를 식별하기 어렵다. 그렇다고 인간의 능력을 너무 과소평가하지는 말자. 통계학자에게 데이터를 제공하고 회귀분석 또는 다른 모델을 통해 분석을 수행하게 한다면, 그들은 더 많은 전환을 이끌어낼 모종의 전략을 도출할 수 있을 것이다. 하지만 오랜 시간이 걸릴 것이다. 통계학자가 잡음 속에서 신호를 찾아내는 것에 익숙하지 않다면 더더욱 그렇다. 게다가 수개월 후에 얻어낸 그 답과 실제 전환 사이의 상관관계가 그다지 높지 않을 확률도 여전히 존재한다.

▶   구글 애널리틱스

우리가 목격하고 있는 진화는 단지 빅데이터에 대한 접근 가능성이 높아졌다는 것에 국한되지 않는다. 이 엄청난 규모의 데이터 사이에서 흥미로운 상관관계를 발견할 수 있는 것은 다름 아닌 머신러닝 덕분이다. 구글 애널리틱스는 이러한 성능을 발휘한 좋은 사례다. 애드워즈가 등장하기 이전인 2002년으로 돌아가보면, 우리는 데이터가 없는 마케팅 시대를 살고 있었다. 당시 광고주들은 아마도 광고가 그 목표를 달성해주기를 간절히 바라는 염원만으로 비용을 지불했다. 일부 광고주는 광고가 사업에 미친 영향을 측정했을 수도 있겠지만, 그 결과는 실상과 동떨어졌을 가능성이 높다.

애드워즈를 통해서 적어도 얼마의 광고비를 투자해서 얼마나 많은 클릭을 얻었는지 알 수 있게 되었지만, 클릭 이후에 어떤 일들이 벌어지는지 광고주는 알 수 없었다. 다시 한번 말하지만, 광고주는 클릭으로 인해 판매가 이루어졌다고 믿을 수밖에 없는 상황이었다. 사업이 성장하고 있는지, 둔화하고 있는지 말할 수 있으려면 PPC 광고가 제대로 작동하고 있을 거라고 가정하는 수밖에 없었다.

구글 애널리틱스를 개발했을 때, 우리는 고객들에게 "일단 사람들이 웹사이트를 방문하면, 그 이후에 무엇을 하는지 정확하게 확인할 수 있습니다"라고 말했다. 우리는 어떤 키워드와 클릭이 사람들로 하여금 웹사이트를 방문하게 했는지 알 수 있었고, 거기에 그들이 웹사이트에서 주문을 위한 양식을 작성했는지 또는 무엇을 구입했는지까지 알아낼 수 있었다.

이제 잠재고객을 광고주의 웹사이트로 유도한 수천 혹은 수백만의 클릭과 그 클릭 이후에 발생한 활동과 관련된 어마어마한 규모의 데이터를 추적하고 저장할 수 있게 된 것이다. 머신러닝 시스템은 이 모든 데이터에서 신호를 발견하고 성과를 분석해 상세한 보고서를 제공하게 되었다.

마케팅 전문가와 광고주들은 최종적으로 무엇이 보고서에 담겨야 하며, 그 내용을 어떻게 이해해야 할지 결정할 수 있게 되었다. 구글 애널리틱스는 광고주의 사업 목표에 대한 방대한 양의 데이터 관련성을 분석해 보고서를 생성하는 데 탁월했다.

이 지점에서 구글 애널리틱스는 자동적으로 통찰력을 발휘할 수 있다. 인간의 눈으로 데이터를 살펴볼 때, 온라인에서 전환이 크게 증가했음을 알아차릴 수는 있지만, 뉴욕에서 전환이 상대적으로 떨어지고 있음을 간과하기도 한다. 이러한 사실을 발견하는 머신 덕분에 전문가들은 왜 뉴욕에서 성과가 저조한지, 지역 언론에 제품과 관련된 부정적인 기사가 게재된 것은 아닌지 파악하는 일에 집중할 수 있게 된 것이다.

▶ 분석과 예측

구글 광고의 또 다른 발전은 구글 예측 API_{Application} Programming Interface*, 즉 사용자가 필요에 따라 시스템에 데이터를 입력하고 예측 모델을 수립할 수 있게 하는 서비스에서 비롯되었다. 구글은 사용자가 입력한 데이터를 약 20개의 서로 다른 통계 모델로 분석한다. 보통의 통계학자들은 자신에게 익숙한 2~3개의 모델을 활용한다. 새로운 모델을 적용할 때에는 결과를 도출하고 그 모델이 제대로 작동했는지 확인하는 데 6개월 이상 소요된다.

구글 예측 API는 이미 17개의 모델을 활용하고 있고, 특정 모델이 통계적으로 유의미한 상관관계를 나타내는지 대략 1시간 이내에 파악할 수 있다. 이를 통해 특정 모델이 진행 중인 예측에 활용된다.

구글은 내부적으로 머신러닝이 어떻게 작동하는지를 보여주는 구체적인 사례로 이 시스템을 활용해왔다. 구글은 회사나 제품에 어떤 문제가 생겼을 때 내부적으로 해결을 의뢰하는 '티켓 시스템'에 이를 활용한 것이다. 구글 직원이라면 어떤 문제가 발생했을 때 내부 웹사이트에 접속해 문제해결을 의뢰하는 티켓을 발행한다. 제품에 발생한 문제해결에서부터, 새로운 업무용 컴퓨

---

* 운영체제나 프로그래밍 언어가 제공하는 기능을 애플리케이션을 위해 사용할 수 있도록 제어할 수 있게 해주는 인터페이스.

터나 프린터 용지를 신청하는 것까지 모든 것이 가능했다.

한번은 대낮에 너구리 한 마리가 구글캠퍼스를 가로질러 달리는 것을 목격했다. 너구리는 광견병에 걸렸을 때 대낮에 활동하기 때문에 나는 누군가 적합한 사람이 와서 너구리를 돌봐야 한다고 생각했다. 나는 티켓 시스템에 접속했고, 시스템은 나에게 이것이 시설이나 보안 또는 그 밖의 20개 정도의 분류 중 어디에 해당하는 문제인지를 물었다. 너구리와 마주치는 것은 흔히 있는 일이 아니기 때문에 나는 어떤 분류를 선택해야 할지 판단하기 어려웠지만, 합리적인 추정을 통해 그나마 가장 가까운 분류라고 생각한 '보안' 항목을 선택했다.

나는 관련 팀(보안팀은 아니었다)에서 "우리가 현장에 도착해서 조치를 취했습니다"라는 빠른 회신을 받았다. 예측 엔진을 활용한 티켓 시스템이 이렇게 빠른 조치를 가능하게 한 것이다. 시스템은 그동안 직원들이 제출한 모든 티켓 기록을 보유하고 있고, 기록상의 모든 내용을 머신러닝 모델로 처리했다. 시스템은 어떤 부서가 어떤 티켓을 처리했는지 확인하고 어떤 부서가 문제를 해결할 수 있는지 판단한다.

내가 너구리 문제를 구내식당 관련 팀에 보냈다면, 해당 팀은 이것을 시설 팀에 전달하고, 시설 팀은 또 다른 팀에 그리고 또 다른 팀에 전달하는 일이 반복되면서 결국에는 적합한 팀에 전달되었을 수도 있다. 구글은 이렇게 하지 않고 과거에 제출된 각 티켓을 어떤 팀에서 해결했는지 먼저 확인한다. 내가 티켓을 발행할 때, 문제해결과 무관한 항목을 선택했지만, 티켓 내용을 분석함으로써 시스템은 어느 팀이 처리해야 할지를 파악했다. 이제는 머신러닝이 각 문제를 어떤 팀에 전달해야 할지 분석할 수 있는 충분한 데이터를 갖고 있기 때문에 구글 직원이 티켓을 발행할 때 특정 팀이나 항목을 선택할 필요조차 없다.

이런 기능과 관련해서, 구글 예측 API는 클라우드 러닝 모델로 대체되었지만, 이 사례는 머신러닝의 효과를 묘사하는 데 부족함이 없다. 매우 드물게 발생하는 문제를 어떤 부서에 전달해야 할지를 판단하는 것처럼 특수한 업무를 인간에게 맡기기보다는 머신이 방대한 데이터를 바탕으로 분석하고 판단하게 하는 편이 훨씬 더 효과적이다. 이 사례는 각 문제를 해결한 부서에 대한 데이터를 포함해 과거에 해결된 수천 개의 티켓 관련 데이터를 입력함으로써 머신을 학습시켜야 한다는 사실을 다시 한번 보여준다.

▶ 입찰 관리

다시 스마트 입찰로 돌아가서 왜 머신이 인간보다 입찰 관리를 더 잘할 수 있는지 생각해보자. 모든 구글 검색은 사용자가 입력한 키워드에 기초해 광고 경매를 유발한다. 이때 입찰자는 특정 키워드가 검색될 때 자신의 광고가 노출되기를 바라는 광고주다. 구글은 광고 경매를 할 때 검색과 관련된 모든 신호, 데이터, 사용자의 위치, 광고주의 위치, 검색 시간, 현재 날씨 등을 고려한다. 한번은 음력 주기를 활용한 적도 있는데, 이것은 클릭률에 별다른 영향을 미치지 않는 것으로 나타나 이후로는 활용하지 않았다.

구글은 미리 정의된 다양한 요인을 고려한 다음에 각 광고주의 순위를 결정한다. 특히 최대 입찰 금액과 품질지수가 중요한데, 모든 광고는 사용자가 클릭할 가능성, 즉 예상 클릭률에 따라 품질지수를 부여받는다. 이것이 광고주가 최대로 지불할 수 있는 입찰 금액에 따라 광고의 노출 순위와 사용자가 광고를 클릭했을 때 광고주가 지불해야 하는 광고비가 결정된다. 최대 입찰 금액과 최대 클릭당 비용과 실제 클릭당 비용 사이에는 차이가 있다. 실제 클릭당 비용은 광고의 품질지수가 높을수록 할인되는 경향이 있다.

스마트 입찰과 관련해 광고주는 수익성이라는 사업 목표를 두고 클릭당 비용을 다시 조정해야 한다. 이것은 퍼포먼스 마케팅의 고유한 특징인데, 전통적으로 마케팅 예산은 수익을 직접 창출하는 데 사용되는 것이 아니었다. 전통적인 마케팅 예산은 주로 브랜딩을 하는 목적에 쓰였다. 하지만 퍼포먼스 마케팅은 직접적인 반응을 유도하는 광고에 가깝다. 광고주는 곧바로 어떤 결과를 창출할 것이라는 기대와 함께 광고비를 지출한다. 어쩌면 퍼포먼스 마케팅은 마케팅이 아니라 세일즈로 보는 것이 더 합당하다. 이런 질문을 할 수 있다. "세일즈를 증대하기 위해 세일즈 팀에 얼마나 투자할 수 있는가?" 누구도 매출액 전부를 세일즈팀에 투자하지 않을 것이다.

특정 제품의 판매 마진이나 이윤이 10달러 정도 되어야 한다면, 광고주는 클릭당 비용에 얼마를 투자할 수 있을까? 이 판단을 위해 광고주는 예상 전환율, 즉 1건의 판매를 위해 몇 개의 클릭을 얻어야 하는지를 파악하고 있어야 한다. 그 확률은 검색어가 무엇인지, 지역이 어디인지에 따라 다양하게 나타난다. 입찰 관리는 매우 복잡할 수밖에 없지만, 결론은 수익을 창출하기 위한 클릭당 비용을 명확히 파악해야 한다는 사실이다.

초창기 애드워즈에는 담당자가 직접 최대 클릭당 비용을 파악해 구글에 제공해야 했다. 대부분 담당자는 각 검색어마다 서로 다른 최대 클릭당 비용을 설정하는 것이 일반적이었다. 현재의 구글 광고 머신러닝 또는 스마트 입찰 환경에서는 시스템에 광고주의 목표가 무엇인지를 알려주는 것만으로도 충분하다. 물론 그 목표는 가치를 극대화하는 것일 테지만, 시스템은 일종의 매개값을 필요로 한다. 200%의 ROAS가 그러한 매개값 역할을 한다. 다시 말해 광고주가 1달러의 광고비를 집행할 때마다 2달러의 매출 또는 전환 가치가 발생하기를 목표로 한다는 의미다.

그렇게 되면 구글은 스마트 입찰을 자동으로 관리한다. 광고 경매가 일어날 때마다 스마트 입찰 기능은 광고주가 설정한 목표를 충족하기 위해 실제로 얼마를 지출할 수 있는지 판단한다. 광고 경매는 어떤 광고가 각 검색 결과 페이지에 어떤 위치에 노출될지를 결정한다.

여기에는 품질지수도 영향을 미친다. 구글은 노출되는 광고가 다른 검색 결과에 못지않게 검색어와 높은 연관성을 갖고 유용한 정보를 제공하기를 바란다. 광고가 다른 검색 결과보다 상위에 있으려면 일정 수준을 뛰어넘어야만 한다. 광고의 품질 또는 연관성 측면에서 만족할 만한 결과를 얻는다는 것은 결코 쉬운 일이 아니다.

광고 경매에서 낙찰 여부가 오로지 클릭당 비용에 의해서만 결정된다면, 많은 예산을 보유한 대기업이 매번 이길 것이다. 이것은 구글뿐만 아니라 광고주, 특히 소형 광고주들에게 결코 바람직한 일이 아니다.

올해는 작년보다 2배 많은 검색이 발생한다고 가정하면, 구글의 사업 목표는 2배 더 많은 매출을 올리는 것이다. 하지만 광고의 관련성을 요구하는 품질지수 없이 오로지 클릭당 비용에 의해서만 광고비가 청구된다면, 구글은 목표를 달성하기 어렵다. 검색 횟수가 2배 된다 하더라도 그것이 2배의 클릭을 보장하지는 않기 때문이다.

대형 트럭을 판매하는 자동차 제조업체와 같은 대형 광고주가 모든 키워드에 100달러를 입찰한다고 가정해보자. 트럭 광고는 모든 검색에서 첫 번째 또는 높은 위치에 표시될 것이다. 그러나 거의 대부분의 사용자는 트럭 구매와 관련이 없으므로 광고를 클릭하지 않을 것이고, 결국 구글은 광고주에게서 수익을 거둘 수 없다.

바로 여기에 품질지수가 도입되어야 할 필요성이 제기된다. 거의 대부분의 키워드 검색에서 트럭 광고의 관련성은 높지 않기 때문에 광고는 낮은 품질지수를 갖게 된다. 관련성을 고려함으로써 구글은 광고의 게재 위치가 단지 클릭당 비용뿐 아니라, 광고가 노출되었을 때 얼마나 많은 클릭이 발생하는지도 함께 고려하게 된 것이다. 다음 그림이 이러한 일련의 과정을 잘 보여준다.

이 시스템은 구글은 물론 광고주에게도 효과적이다. PPC 광고와 별 상관없는 브랜딩 광고주가 아니라면, 노출에 대한 비용을 지불하고 싶지 않을 것이다. 오로지 클릭당 비용을 지불하는 게

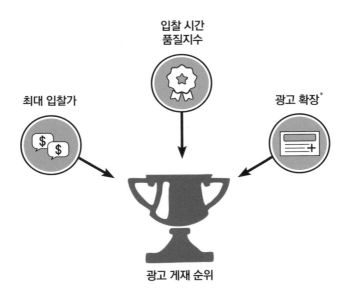

＊ 검색광고에 부가적인 정보를 제공하는 기능.

합리적이다. 이미 언급한 바와 같이, PPC 광고는 기본적으로 마케팅이 아니라 세일즈를 위한 엔진이다. 잠재고객이 "이것은 나와 상관있어요. 더 알아보고 싶네요"라고 말할 때만 광고비를 지출하는 것이 합리적이다. 사용자 또한 품질지수를 통해 귀찮은 광고를 걸러낼 수 있기 때문에 만족스럽다. 품질지수는 1990년대와 2000년대의 배너광고가 그다지 효과적이지 못했던 원인을 근본적으로 해결했다.

이제 광고주가 가장 좋은 위치에 광고를 게재하기 위해 반드시 최고 금액을 지불할 필요가 사라졌다. 어떤 광고의 품질지수가 높다면, 적은 금액으로도 최상단에 게재할 수 있게 되었다. 시간을 충분히 갖고 더 나은 광고 소재를 제작한다면, 광고 문구를 최적화하려는 노력은 등한시한 채 그저 높은 금액으로 입찰하는 광고주보다 우위에 설 수 있다. PPC 전문가가 더욱 설득력 있는 광고 문구를 작성하고, 더 나은 키워드들을 선택함으로써 품질지수를 높이는 동안에 머신은 최적의 입찰 전략을 도출하기 위해 지난한 작업들을 수행하게 된다.

입찰 관리와 관련된 계산 과정을 전적으로 머신러닝이 전담하는 덕분에 전문가는 광고·랜딩 페이지와 관련된 창의적인 업무에 집중할 수 있게 되었다. 특히 중요한 업무 중 하나가 바로 랜딩 페이지를 모바일 기기에 최적화하는 것이다. 광고를 통해 클릭을 유도했다 하더라도, 랜딩 페이지가 모바일 기기에서 느리게 뜬다든지 최적화되지 못한다면 사람들은 금세 웹사이트에서 이탈할 것이며, 결국 광고주는 잠재고객을 잃게 된다. 이와 관련해 2017년에 수행된 한 연구에 따르면 랜딩 페이지가 0.1초 느리게 뜰 때마다 전환율이 7% 하락한다고 밝혔다.

구글 광고의 품질지수는 근본적으로 집단지성 시스템에 기초한다. 소수의 전문가가 예측하기보다는 훨씬 많은 사람의 의견을 물어보고 그것을 평균해 더 나은 예측값을 얻을 수 있다. 매번 검색이 발생할 때마다 그 결과로 노출되는 광고 중 하나를 클릭함으로써 사람들은 일종의 투표에 참여하고 있는 셈이다.

품질지수는 관련성에서 가장 중요한 지표로 클릭률을 먼저 살펴보고 그다음 우선순위로 랜딩 페이지를 살펴본다. 사용자가 매력적인 광고를 클릭했지만, 랜딩 페이지에 실망해 이탈할 때 아마도 "광고에 낚였네!"라며 언짢아할 수 있다. 그렇게 되면 광고의 신뢰도는 점점 떨어진다. 이처럼 사용자가 광고를 클릭한 뒤, 랜딩 페이지를 빠르게 이탈한다면 그 광고의 품질지수는 하락한다.

구글의 궁극적인 목표는 사용자가 원하는 검색 결과를 보여줌으로써 최상의 경험을 제공하는 것이다. 많은 사람이 그 말을 믿지 않는 것 같지만, 구글이 성공한 단 하나의 이유는 사람들이 검색 결과를 신뢰했기 때문이다. 구글의 검색 결과가 만족스럽지 못했다면, 사람들은 구글에서 검색하지 않을 것이며 구글의 사업 또한 점차 쇠락할 것이 분명하다. 구글은 어떤 조치가 장기적으로 사람들의 검색에 대한 신뢰에 부정적인 영향을 미친다면,

그로 인해 벌어들일 수 있는 수익마저도 기꺼이 포기한다. 사람들이 구글 검색에 대한 신뢰를 잃지 않게 하는 안전장치가 바로 품질지수다.

▶ 예산 자동화

예산은 광고 목표 달성을 위해 지출할 의사가 있는 금액을 결정하는 매개변수 중 하나로 입찰가와 예산은 매우 밀접하게 관련되어 있다. 스마트 입찰은 머신러닝을 기반으로 다양한 수학적 최적화 모델을 활용해 클릭과 전환을 창출하기 위해 예산을 어떻게 활용할지 결정한다.

시스템을 통제하기 위해서는 먼저 사업 목표가 설정되어야 한다. 이윤을 창출하기 위해서는 가능한 한 많은 예산을 집행해야 하지 않을까? 하지만 광고주는 무한대의 예산을 확보하고 있지 않고, 무한대의 재고도 확보할 수 없다. 나는 최신 게임용 컴퓨터 생산자가 매우 흥분한 목소리로 "광고를 당장 중단하라고! 컴퓨터가 바닥났단 말이야!"라고 외쳤던 것을 기억한다. 시스템이 숙지해야 할 현실의 제약이 바로 이런 것이다.

이러한 제약은 예산을 몇 개의 항목으로 분류하는 것과 관련되어 있다. 자동차 판매업자가 신차 광고 캠페인과 중고차 광고 캠페인으로 예산을 나누었다고 가정해보자. 서로 다른 제품군은 서로 다른 이익률을 나타낼 수밖에 없다. 1년 중 특정한 달이나 시기의 이익률이 다른 시기보다 높거나 낮을 수도 있다.

전문가들은 사업 목표를 달성하기 위해 예산을 스스로 조정하기를 원한다. 하지만 현실 세계의 제약을 스마트 입찰 시스템에 반영할 수도 있다. 이론적으로 더 많은 이윤을 창출하기 위해 전문가들은 예산과 관련된 업무를 머신이 처리하게끔 해야 한다.

예산 측면에서 구글 머신러닝 시스템의 전제 중 하나는 광고주가 광고를 게재할 수 있는 채널이 날로 증가한다는 사실이다. 이커머스 광고주라면 과거에는 검색, 유튜브, 리마케팅, 디스플레이 네트워크 광고를 각각 설정해야 했다. 다시 말해 4개의 캠페인에 4개의 예산이 배분되는 셈이다. 이 중 어느 예산을 다른 한쪽으로 옮기는 작업은 머신이 사람보다 빠르고 빈번하게 수행할 수 있다.

이것이 구글 스마트 쇼핑 캠페인의 전제다. 광고주가 구글 광고에 전체 예산을 입력하면, 시스템은 성과를 극대화하기 위해 어느 채널에 얼마만큼의 예산을 배분해야 할지를 알아낸다. 시스템은 또한 채널 간 상호작용도 분석한다. 잠재고객이 유튜브에서 검색을 했다면 분명 그 이후의 검색에도 영향을 미친다. 고객이 광고를 클릭해서 웹사이트를 방문했다면, 리마케팅 목록에 포함될 수도 있다. 이 모든 변수를 고려해 예산을 배분하는 것은 상상 이상으로 복잡하다.

특히 머신은 규모와 복잡성 측면에서 이러한 업무를 인간보다 훨씬 더 잘 처리한다. 특정 고객이 특정 광고 소재를, 특정 시간과 장소에, 특정 기기를 통해 접하게 되는 경우의 수는 무궁무

진하다. 사람들은 창의적인 요소를 만들어내는 데 강점이 있고, 시스템은 이것을 테스트할 수 있다. 또한 시스템은 매우 큰 범위의 타깃팅을 가능하게 한다. 상해보험을 판매하는 광고주라면 취업 연령에 해당하지 않는 18세 이하의 사용자를 타깃에서 제외하고 싶을 것이다. 하지만, 넓은 범위의 타깃이 설정되면, 머신은 그 범위의 마이크로 타깃팅에서 인간보다 훨씬 나은 성과를 보여준다.

디지털 마케터는 수많은 변수와 항목을 관리할 충분한 시간과 역량을 갖고 있지 않다. 디지털 마케터가 새로운 머신러닝 환경 하에서 자신을 포지셔닝해야 하는 핵심 역할은 3가지가 있다. 나는 이것을 의사와 파일럿과 교사라고 부른다. 각각의 역할에 대해 살펴보자.

II

디지털 마케터의
새로운 역할 3가지

5 ▶

의사

머신이 더 잘할 수 있는 영역이 있고, 인간이 더 잘할 수 있는 영역이 있다. 이것은 놀랄 것도 없이 명백하지만, 머신러닝이 인간을 모두 대체할 것이라는 근거 없는 공포감 속에서 사람들은 이 같은 사실을 종종 간과한다. 여기에서는 PPC 광고에서 전문가가 머신러닝보다 중요한 몫을 담당해야 할 3가지 역할, 즉 의사, 파일럿, 교사에 대해 살펴보겠다.

독자 중 일부는 이미 이 3가지 역할에 익숙하거나 1~2가지 역할을 이미 수행하고 있을 수 있다. 이러한 역할이 머신러닝에 의해 대체될 가능성은 거의 없기 때문에 전문가들은 여기에 더 깊은 관심을 두어야만 한다. 가장 먼저 살펴볼 역할인 의사는 주치의인 마커스 웰비Marcus Welby와 셜록 홈즈 스타일의 법의학자인 닥터 하우스Dr. House 두 캐릭터로 나뉜다.

▶ 마커스 웰비, 주치의

광고대행사 대표이거나 전문적인 PPC 컨설턴트라면 때때로 의사 역할을 수행하고 있을 가능성이 높다. IBM의 왓슨이나 이와 유사한 시스템은 빠른 시일 내에 주치의나 종양학자들보다 정확하고 빠르게 암을 진단할 것으로 기대된다. 하지만 왓슨은 병실에서 지켜야 할 매너를 모른다. 오직 인간 의사만이 암 진단과 관련된 문제들을 원만히 처리할 수 있는 공감 능력을 갖고 있다.

의사와 환자의 관계처럼 인간 퍼포먼스 마케터만이 고객이 처한 상황과 그들의 요구 사항을 깊이 이해할 수 있다. 고객에게 공감하고 그들을 이해하기 위해, 전문가는 여러 정보를 연결함으로써 전체를 이해할 수 있어야 한다. 고객은 종종 "우리가 당면한 문제가 있습니다. 당신은 어떤 조치를 추천하겠습니까?"라고 묻는다. 문제의 원인이 언제나 명백하게 보일 때는 흔치 않다. 하지만 환자의 병력과 최근 상태를 면밀히 파악하는 주치의처럼 전문가는 자신의 경험을 바탕으로 문제해결 방안을 도출할 수 있다.

여기서 알 수 있듯, 의사의 일은 필연적으로 나쁜 소식을 전달하는 것과 관련 있다. 일부 광고주는 이유가 무엇이건 절대로 달성할 수 없는 비현실적인 목표를 설정하기도 한다. 이때 전문가는 왜 그런 목표를 달성할 수 없는지, 광고주가 목표에 대한 기대치를 조정할 수 있다면 얻을 수 있는 차선의 결과가 무엇인지를 설명해야 한다. 그리고 그 차선의 결과를 얻기 위해 활용해야 할 도구와 방법을 명확하게 설명해야 한다.

나는 수술 후 봉합한 부위가 감염되었던 경험이 있다. 의사는 먼저 처방 가능한 다섯 종류의 항생제를 살펴보았다. 그리고 내 상태가 어떤지, 감염 부위가 얼마나 심각한지를 세심하게 관찰했다. 의사는 나의 일정과 생활 습관에 대해서도 자세히 물었다. 그리고 나서야 "발생할 수 있는 부작용과 그것이 미칠 수 있는 영향을 종합적으로 고려했을 때, 이 항생제를 처방해 드리는 것이 최선이겠군요"라고 설명했다. 나만을 위한 맞춤 처방을 한 것이다. 다른 환자에게 유사한 감염이 발생했다면, 아마도 의사는 그에게 맞는 다른 처방을 했을 것이다.

마케터는 이미 다른 광고를 진행하며 경험했던 문제를 찾았다면, 그 경험을 바탕으로 광고주가 처해 있는 특정한 상황을 감안해 문제해결 방안을 제시한다. 어떤 캠페인 전략이 최선일까? 특정 고객이 만족할 만한 제안은 무엇일까? 이러한 질문에 대한 답변은 인간 사이에서 벌어지는 대화와 교감을 통해 얻을 수 있다. 그것이 자칫 고루하게 들릴 수도 있지만, 이것은 퍼포먼스 마케터에게 매우 중요한 일이다.

나는 의사의 처방 당시 해외 출장을 계획하고 있었다. 비슷한 맥락에서, 광고주가 신제품 출시를 앞두고 있기 때문에 캠페인 전략을 공격적으로 바꾸기 어려운 상황에 처해 있을 수도 있다. 퍼포먼스 마케터는 고객에게 질문을 던지고, 고객을 이해해야만 한다. 이러한 이유로 마케터는 고객에게 올바른 제안을 하기 위해 자신의 역할을 친절한 주치의에서 치밀한 법의학자로 바꿀 필요가 있다.

▶ 닥터 하우스, 법의학자

옵트마이저에서 일할 당시, 우리는 '퍼포먼스 검사기'라고 부르는 도구를 개발했다. 광고주에게 사업 성과의 변동 원인을 파악하기 위한 질문을 제공하는 것이었다. 예를 들어 "전년도 같은 분기에 비해 이번 분기에 전환이 줄어든 이유는 무엇인가?"와 같은 질문이었다.

이 도구는 근본적인 원인 분석을 통해 1개 혹은 여러 개의 진단 결과를 도출한다. 어쩌면 검색량이 줄어들었기 때문에 광고 클릭이 줄었을 수도 있고, 경쟁자에 비해 낮은 금액으로 입찰했기 때문에 광고가 덜 노출되었기 때문일 수도 있다. 또는 광고주가 랜딩 페이지를 덜 매력적으로 변경한 탓에 전환이 줄어들었을 수도 있다.

광고주는 논리적으로 "당신은 3가지의 중요한 원인을 짚었습니다. 하지만 모두 해결하기에는 시간과 예산이 부족합니다. 가장 큰 효과를 얻으려면, 이 3가지 문제 중 어디에 집중해야 합니까?"라고 물어볼 것이다.

어쩌면 광고주가 랜딩 페이지를 빠르게 수정할 만큼 순발력 있는 스타트업일 수도 있다. 하지만 담당자는 최근에 이 스타트업이 매우 완고한 내부 정책을 갖고 있는 대기업에 인수되었다는 사실을 알고 있다고 하자. 이 정보가 제대로 시스템에 입력되지 않는다면, 머신러닝 시스템은 이 회사의 우선순위를 어디에 두어야 할지 판단하기 어렵다.

이 같은 질문이 몇 달 전에 제기되었다면, 담당자는 아마도 랜딩 페이지에 몇 가지 변화를 주라고 제안했을 것이다. 하지만 스타트업을 인수한 대기업이 회사 웹사이트를 수정하는 데 매우 엄격한 절차를 갖고 있다는 사실을 알고 있었다. 실제로 이 회사는 이미지나 색상을 포함해 웹사이트의 픽셀 하나를 바꾸는 것까지 모든 것을 규정해놓은 50페이지짜리 브랜드 가이드라인을 보유하고 있었다.

담당자는 이것을 감안해 랜딩 페이지를 수정하는 것보다 나은 방안을 생각했다. "검색어 조합을 변경해보시죠. 이것은 즉각적으로 실행에 옮길 수 있고, 캠페인을 올바른 방향으로 나아가게 할 것입니다." 이 방향에 따라 다른 변화들도 어떻게 적용할지 결정할 수 있었다. 이 시점에서 가장 중요했던 것은 실현 가능성에 초점을 맞추고 빠르게 행동에 옮기는 것이었다. 담당자가 평소에 광고주와 지속적으로 소통하고 그들의 사업에 깊은 관심과 이해를 갖고 있지 않았더라면, 이처럼 순발력 있게 대응하는 것은 결코 불가능했을 것이다.

담당자가 합리적인 제안을 하는 능력은 의사가 병실에서 환자를 대하는 능력이나 매너와 같다. 머신러닝이 어떤 문제에 적용될 때 문제해결 여부는 금방 파악된다. 하지만 머신은 어떻게 문제에 접근했는지를 설명하는 데 아주 미숙하다. 광고주가 "내가 이번 일과 비슷한 문제를 다시 겪게 되면 그때는 어떤 솔루션을 적용할 수 있나요?"라고 묻는다면, 시스템은 적절한 답변을 내놓지 못한다는 말이다.

이러한 문제에 관해 널리 알려진 사례가 있다. 머신러닝에 사진을 보여주고, 피사체가 고양이인지 아닌지를 판단하게 했다. 시스템은 "네, 이것은 고양이입니다"라고 답할 수 있다. 사람이 "왜 이것이 고양이지?"라고 묻는다면 머신은 "글쎄요. 왜 그런지는 모르겠지만, 이것은 고양이입니다"라고 답할 것이다. 아주 전형적인 블랙박스 문제다.

하지만 사람에게 같은 질문을 한다면, 아마도 "쫑긋한 귀, 가는 수염, 네 개의 다리를 가졌어요. 이것은 고양이의 특징이죠"라는 답을 듣게 된다. 물론 완벽하지는 않지만, 일반적으로 결론 도출 과정을 설명하는 데 인간은 머신보다 나은 역량을 갖고 있다.

환자는 블랙박스를 싫어한다. "저는 많이 좋아졌어요. 감사합니다. 그런데 이 처방과 치료가 어떻게 상태를 호전시켰나요? 이 증상이 재발하지 않으려면 저는 어떻게 해야 하나요?" 의사는 이 질문에 답해야만 한다.

머신러닝의 문제와 머신러닝을 활용하는 엔지니어를 생각하면 떠오르는 분명한 이미지가 있다. 자율주행차와 이를 개발하는 사람을 떠올려보자. 자율주행차를 소비자에게 판매하려면, 누군가는 자율주행차가 어떤 방식으로 작동되는지를 설명할 수 있어야 한다. 자율주행차가 어떻게 작동되고, 소비자는 어떤 목적으로 자율주행차를 활용할 수 있을지 설득해야만 하는 것이다. 이 모든 일은 결국 자율주행차의 잠재고객이 우려하는 바가 무엇인지 이해하고 그 이면에 어떤 감정이 있는지를 이해하는 과정이다.

PPC 머신러닝 시스템도 마찬가지다. 이 시스템이 문제를 해결하든 못하든, 광고주는 그 이유를 알고 싶어 한다. 담당자는 이 시스템이 문제를 해결하기 위해 어떤 기술을 활용했는지, 머신이 얼마나 잘 작동되었는지를 설명할 수 있어야 한다. 반면 문제해결에 기여하지 못한 기술은 원인이 무엇이었는지를 파악해 수정·보완해야 한다.

이제 광고주는 활용할 수 있는 정보를 얻었다. 유사한 문제가 발생하면 시행착오를 줄일 수 있고, 원하는 결과를 더 빨리 얻을 수 있다. 광고주에게 명확하고 이해할 수 있는 설명을 제시하면 더 큰 신뢰를 얻게 된다.

문제해결을 위해 머신러닝을 적용했으나 원하는 결과가 나오지 않으면 사람들은 금방 조급해한다. 사람들은 더는 기다리지 않고 "자동화는 작동하지 않아요. 포기합시다"라고 말한다. 이러한 태도는 다른 전문가를 대하는 것과 사뭇 다르다. 머신러닝이 수행하는 업무를 전문가가 수행한다면, 전문가는 컴퓨터보다 훨씬 더 많은 시행착오를 거듭할 것이다.

하지만 사람들은 서로 대화하고 교감하기 때문에 시행착오를 용인하는 경향이 있다. 특히 전문가가 이제 막 그 업무를 시작했다면, 시행착오를 학습 과정에서 일어난 일로 당연하게 여긴다. 왜 바둑에서 졌는지 복기하고 그것을 설명하는 전문가처럼, 진정성 있는 퍼포먼스 마케터라면 이렇게 말해야 한다.

"저는 입찰가가 너무 낮게 제시되었다는 것을 확인했습니다. 이것은 전적으로 제가 목표 CPA에 충분한 주의를 기울이지 않았기 때문에 빚어진 결과입니다. 여기에 대해 미안하게 생각합니다. 저는 이러한 실수를 반복하지 않을 것입니다. 저에게 한 번 더 기회를 주시기 바랍니다."

현명한 팀장이나 광고주라면 "당신이 이번 일로 중요한 교훈을 얻었을 것이라 생각합니다. 다시 한번 해보죠"라고 충분히 받아들일 것이다.

하지만 컴퓨터에 대해서는 정반대로 대응한다. 이는 컴퓨터가 실패를 스스로 설명하지 못하기 때문이다. 그래서 두 번째 기회를 얻기 힘들다. 머신러닝이 점점 중요해지면서 그것이 실수를 하거나 부정확하게 작동하면 곧바로 용도 폐기될 위험이 있다.

이것은 잘못된 의사결정이다. 머신러닝 시스템은 매우 강력하고 유용한 모델이지만, 적절히 학습할 기회가 필요하다. 학습을 위해 적절한 데이터가 입력되지 않았거나 머신러닝 모델이 의도하지 않은 시나리오에 따라 배포되었을 수도 있다. 하지만 목욕물을 버리려다 아기까지 버리는 우를 범해서는 안 된다. 머신러닝이나 인간은 어떤 작업을 할 때 처음에는 익숙하지 않지만, 시간이 지나면 숙달이 되어간다.

한 번은 맞춤형 티셔츠 회사를 컨설팅한 적이 있다. 매출액이 급감하고 있었고, 원인이 무엇인지 엄밀한 분석이 필요했다. 분석 결과에 따르면, 가장 중요한 키워드가 판매에 기여하지 못하고 있었다. 회사가 웹사이트 디자인을 변경한 이후 전환이 급감했고, 결국 과거 디자인으로 회귀했다. 하지만 입찰 관리 시스템상에서 새 디자인이 적용된 시기의 데이터에 대한 가중치를 낮춰주지 않았기 때문에 문제는 지속되었다. 광고는 검색 결과 중 두 번째 페이지, 즉 검색이 거의 발생하지 않는 영역에 머무를 수밖에 없었다. 나는 광고주에게 말했다.

"자동화된 입찰 관리 시스템은 정상적입니다만, 새로운 랜딩 페이지 디자인을 적용했던 시기의 데이터가 제거되었어야 합니다. 시스템은 과거 디자인이 복구된 시점에서 다시 적용되어야 합니다."

다음 장에서 파일럿 역할에 대해 살펴보면 알게 되겠지만, 이 문제는 발생 시점에 곧바로 진단되고 해결될 수도 있었다. 하지만 원인이 해결되었다고 생각해도 문제가 지속된다면, 전문가는 법의학자와 같이 더 자세히 문제를 들여다보아야 한다.

시간이 지날수록 자칫 문제의 원인이 일찍 발견될 때보다 불분명해질 가능성이 높기 때문이다. 문제가 발생한 시점과 분석이 이루어지는 시점 사이에 불가피하게 많은 것이 바뀔 수 있기 때문에 심층적인 조사와 분석이 필요하다.

퍼포먼스 마케터는 닥터 하우스와 같은 법의학자가 되어야 한다. 다른 사람들이 보지 못하는 곳을 살펴보고, 다른 사람들이 고려하지 않는 문제를 파악하는 폭넓은 지식을 가져야 한다. 퍼포먼스 캠페인에는 가변적인 것이 많아서 문제의 원인을 정확하게 찾아내기 어렵다.

어떤 고객이 내게 와서 "이 캠페인의 효율이 감소한 이유를 살펴봐주실 수 있을까요?"라고 물었다. 캠페인을 확인해보니 확장 검색 키워드로 가득 차 있었다. 확장 검색 키워드는 구글이 특정 키워드뿐만 아니라 밀접하게 관련된 키워드에 대한 광고를 게재하는 것이다. 고객의 질문에 답하기가 더 어려웠지만, 전문가가 닥터 하우스의 역할을 수행해왔다면 올바른 해결책을 찾아낸다.

예를 들어 고객의 확장 검색 키워드가 'Xbox 게임'이라고 가정해보자. 광고주가 입찰가를 2달러에서 1달러로 낮추자 갑자기 모든 성과가 하락했다. 즉, CPC를 줄였지만 CPA가 크게 증가한 것이다.

하지만 조금 더 깊게 생각하면 이해할 수 있다. 키워드가 저렴한 이유는 광고주의 전환 추적 시스템에서 특정 키워드의 실적이 저조하다는 사실이고, 이에 따라 많은 광고주가 입찰을 중단했을 수 있다. 전환 가능성이 낮은 트래픽에 대한 CPC는 저렴할 수밖에 없다. 따라서 광고주가 더 많은 클릭을 얻고 각각에 더 적은 비용을 지불하더라도 전환에서는 성과가 하락하는 동시에 더 많은 비용을 지출하는 결과가 발생하는 것이다.

시스템 측면에서는 광고주의 입찰 금액이 감소했기 때문에 광고가 예전만큼 경쟁력이 없었다. 키워드가 'Xbox 게임'의 경우 'Xbox 게임 구매'와 같이 전환 가능성이 더 높은 검색어에 대한 광고 게재가 중단되는 것이다. 이제 광고를 표시할 유일한 검색어는 'Xbox 게임 전체', 'Xbox 무료 게임' 'Xbox 중고 게임'과 같이 전환 가능성이 낮은 검색어들이다. 시스템 내부적으로는 광고주가 동일한 검색어에 입찰하지 않고 품질이 낮은 트래픽에 입찰한다는 의미다.

이 문제를 일으킨 또 다른 원인이 있다. 문제가 발생한 후로 시간이 경과했기 때문에 비교분석해야 할 검색어 수가 수백만 개나 된다. 가변 요인이 많기 때문에 문제해결이 더 어려울 수 있다. 하지만 결코 불가능한 것만은 아니다.

이 문제를 해결하기 위해 PPC 광고에서 수년 동안 얻은 경험과 직관을 활용해 문제 발생 가능성을 점진적으로 줄여나갔다. 광고주가 진정으로 관심을 갖는 것은 캠페인의 세부 지표가 아니라 최종 목표인 KPI의 추세다. 이것을 항상 염두에 두어야 한다.

때로는 닥터 하우스와 같은 법의학자나, 때로는 마커스 웰비와 같은 주치의의 역할을 할 수밖에 없다. 우리는 이 책의 뒷부분에서 숙련된 노하우를 갖고 있는 마커스 웰비의 이야기로 돌아가 광고대행사의 포지셔닝에 대해 살펴볼 것이다. 그에 앞서 퍼포먼스 마케팅에서 인간 전문가만이 할 수 있는 또 다른 역할인 파일럿에 대해 이야기해보자.

6 ▶

파일럿

PPC 광고 관리자는 계정을 늘 최신 상태로 업데이트해놓아야 한다. 계정의 실적은 양호한가? 주의해야 할 문제나 이상 현상이 있는가? 이것이 파일럿의 역할이다.

머신은 애초부터 시스템이 유발할 수 있는 문제를 파악하고 이를 해결할 뿐이다. 의사와 마찬가지로 파일럿에도 두 가지 측면이 있다. 첫 번째는 시간별로 계정을 관리하고 감독하는 역할이고, 두 번째는 적극적이고 경쟁적으로 시스템을 관리하는 역할이다. 첫 번째 역할을 '민항기 파일럿'이라 부르고, 두 번째 역할을 '전투기 파일럿'이라 부르자.

▶ 민항기 파일럿

지금처럼 자동화된 환경에서 민항기 파일럿은 비행마

다 평균 8분간 수동으로 조종한다. 이 사실만 놓고 이제 파일럿은 중요하지 않다거나, 파일럿 없는 무인 비행기를 타고 싶어 하는 사람은 극히 드물 것이다.

2009년 1월 15일 US항공 1549편이 뉴욕 라과디아공항에서 기러기떼와 충돌해 이륙한 지 몇 분 만에 사고가 발생한 사건을 떠올려보자. 공군에서 훈련받은 파일럿 설리 설렌버거Sully Sullenberger는 신속한 대응과 전문적인 조종 기술로 비행기를 허드슨강에 무사히 착륙시켜 승객과 승무원 전원의 생명을 구했다.[*]

이런 상황에서는 자율주행 시스템이 비행기 착륙을 시도할 수 없다. 최악의 참사를 막은 것은 결국 인간의 능력과 판단 덕분이었다. 이 사례와 같이 생사가 달린 문제는 아니지만, 퍼포먼스 마케팅은 파일럿이 수행한 것과 유사한 역할을 계정 관리자에게 요구한다.

자동이든 수동이든 모든 PPC 캠페인에는 표준에서 벗어난 편차가 있다. 광고주의 검색어가 뉴스 기사에 나온다고 가정해보자. 모니터링을 통해 트래픽이 급증한 것을 확인한 다음 예산을 늘려 빠르게 대응한다면 마케팅 기회를 포착할 수 있다. 머신러닝 시스템은 뉴스 기사를 학습하지 않았기 때문에 이렇게 예상치 못한 상황에 즉각적으로 대응하기 어렵다.

---

[*] 이 실화를 바탕으로 2016년 클린트 이스트우드 감독이 〈설리: 허드슨강의 기적〉이라는 영화를 제작했다.

이와 반대로, 뉴스 기사로 인해 트래픽이 증가하지만 전환이 감소한다면, 예산과 입찰가를 낮추는 것이 좋다. 이와 관련된 사례로, 한 남자가 아내를 살해한 다음 사체를 토막내 특정 브랜드의 가방에 넣은 엽기적인 사건이 있었다. 시스템은 여행 가방이 언급된 웹페이지에 해당 브랜드의 광고를 노출하기 때문에 그 뉴스 기사 옆에 여행 가방 광고가 노출될 수 있다.

누군가 호기심으로 광고를 클릭할 수는 있겠지만, 이 여행 가방을 구매할 가능성은 거의 낮다. 물론 살인 사건과의 관련성으로 브랜드의 인지도가 높아질 가능성도 있지만, 그렇다고 해서 광고를 게재하는 것은 부적절하다. 진정한 잠재고객이라면 어떤 브랜드와 가방을 구매할지 검색하지, 살인 사건과 관련된 뉴스 기사를 읽고 가방을 구매하지는 않는다. 브랜드가 부정적인 이미지와 연결되기 전에 이 문제에 개입해 부적절한 타깃팅을 수정하는 것이 반드시 필요한 이유다.

또한 머신러닝과 자동화 수준이 점점 높아지면서 더 큰 문제가 생기기도 한다. 이런 사례는 많지만, 가장 극적인 것은 2013년 8월 22일 나스닥 주식 거래 시스템 충돌로 촉발된 사건을 꼽을 수 있다.

오류를 일으킨 작은 거래 하나가 자동 거래 시스템의 알고리즘에 의해 점점 더 큰 파장을 일으켰고 주식 시장은 붕괴되기 직전이었다. 나스닥은 상황을 파악하기 위해 3시간 동안 주식 거래를 중단하는 조치를 취할 수밖에 없었다. 결국 주문이 잘못되어 문제가 발생했고, 그것을 해제한 후에야 주식 거래를 재개할 수 있었다.

이럴 수도 있다. 나무 토막을 두 개로 갈라야 하는 상황이다. 두 가지 옵션이 있다. 시간이 5~10분 걸리지만 톱을 이용해서 직접 자를 수도 있고, 1분당 수천 번 회전하는 전기톱을 이용할 수도 있다. 당신이라면 어느 것을 선택할까?

나는 톱을 선택한다. 나는 전기톱을 안전하게 사용하는 법을 모르고 있고, 자칫 잘못하면 다칠 수도 있다. 그리고 나무 토막을 자르는 것이니 천천히 해도 나쁘지 않기 때문이다. 전기톱을 선택하면 안전한 사용법을 익히느라 시간이 더 많이 걸릴 수도 있다.

빠른 해결을 원할 때는 갑작스러운 위기가 생길 가능성이 더 크다. 중요한 것은 언제든지 신속하게 대응할 수 있도록 도구의 작동 방식을 알아두는 일이다.

자율주행차의 예로 돌아가보자. 아직 자율주행차가 보편화되지 못한 이유 중 하나는 LIDARLight Detection Radar 때문이다. LIDAR은 '빛 감지 레이더'의 약자로, 투사된 LIDAR 빔이 사물 표면에 반사되어 되돌아오면 머신러닝 시스템이 시각 데이터의 패턴을 분석하고 표면의 이미지를 재구성한다.

LIDAR은 그동안 놀라운 일을 수행해왔다. 중앙아메리카 정글에서 활동하던 한 고고학자는 고대 유적지에서 불과 10미터 떨어진 곳에 무성한 덩굴과 잎사귀로 완전히 가려진 마야 사원의 선명한 이미지를 LIDAR 빔으로 그려내기도 했다.

자율주행차와는 달리 마야 사원은 움직이지 않기 때문에 LIDAR은 정적인 상황에서 탁월한 성능을 발휘할 수 있었다. 물론 LIDAR은 천천히 달리는 자동차에서 잘 작동한다. 하지만 자동차가 시속 50킬로미터를 넘기 시작하면 시스템이 제대로 작동하지 않는다.

이는 결국 속도의 문제다. 구글의 스마트 입찰은 매우 빠르게 작동해 모든 경매에 실시간으로 입찰가를 변경한다. 이러한 시스템에는 상황을 모니터링하고 대응할 수 있는 파일럿이 필요하다. 빠르게 작동한다는 것은 동시에 빠르게 고장나거나 잘못될 수도 있음을 의미한다.

좀더 구체적으로, 원활하게 작동하는 입찰 관리 시스템이 있다고 가정해보자. 그런 다음 광고주의 랜딩 페이지를 변경하느라 웹사이트가 몇 시간 동안 닫혀 있다면, 입찰 관리 시스템의 전환률은 갑자기 하락한다. 이때 시스템은 입찰가를 낮추고 광고는 상단에 게재되지 못하고 두 번째 페이지로 밀려난다. 결국 대부분의 사용자는 광고를 볼 수 없다(5% 미만의 사용자만이 두 번째 페이지로 이동한다). 이는 곧 광고의 성과가 급격히 추락하는 것을 의미한다.

이제 파일럿이 웹사이트가 닫혔음을 알아차리고 최대한 빨리 웹사이트를 복구한다. 이것으로 모든 것이 해결되었다고 할 수 있지만, 입찰 관리 시스템은 방금 무슨 일이 일어났는지 알지 못한다.

이 시스템은 수정된 데이터를 받지 못했기 때문에 두 번째 페이지 입찰을 지속할 것이다. 이 상황을 바로잡으려면 입찰가를 다시 높여야 한다. 이것은 파일럿이 최우선으로 바로잡아야 할 문제다.

문제는 시스템 작동 속도가 매우 빠르다는 것이다. 시간마다 정보를 제대로 파악하지 못하면, 통제 불능 상태에 이를 수도 있다. 하지만 이와 함께 반드시 명심해야 할 것이 있다. 경고음을 울릴 때 매우 세심한 주의를 기울여야 한다는 사실이다.

이런 일이 병원에서 생긴다면 특히 심각한 문제가 된다. 실제로는 긴급하지 않은 상황에서 경고음이 너무 많아지면 정말로 주의가 필요한 것과 그렇지 않은 것을 구별하기가 어렵다. 경고음이 너무 자주 울리면 간호사는 그 소리에 귀를 기울이지 않는다. 정말로 위급한 상황이 발생했을 때 필요한 조치가 취해지지 않는다면, 환자들은 병원에서 사망할 수도 있다.

파일럿으로서 정말 중요한 문제에 주의를 기울이는 법을 어떻게 배울 수 있을까? 이 중 일부는 민항기와 마찬가지로 경보 시스템의 감도感度와 관련 있다.

옵트마이저는 계정에 이상 징후가 발생했을 때 이를 알려주는 스크립트(일종의 미니 프로그램)를 개발했다. 이 스크립트를 통해 적절한 감도 수준을 선택하고, 이에 따라 KPI에 대한 알림을 설정할 수도 있다.

시스템을 수동으로 모니터링하는 시기와 방법을 결정하는 것은 아주 간단하다. 계정이 오전 1~2시에 모니터링되는지를 고려해야 할까? 이 시간에는 아마도 트래픽 양이 최소화될 것이기 때문에 이 문제는 그다지 중요하지 않을 가능성이 높다. 오전 2시에 이상이 발생했고, 클릭이 예상치인 10회가 아니라 5회가 발생했다고 하자. 50% 하락으로 보면 큰 문제처럼 보일 수 있지만, 절대적으로 5번의 클릭으로 알림을 설정하거나 이것의 원인을 파악하기 위해 잠자리에서 일어날 만한 가치가 있다고 보기는 어렵다.

반면, 사람들이 검색을 많이 하는 오전 10시의 상황은 다르게 처리되어야 한다. 이때 광고 클릭이 1,000개에서 500개로 감소했음을 의미한다. 클릭 수가 500회 감소하면 그날 매출이 큰 폭으로 줄어들기 때문에 주목할 가치가 있다. 이 문제에 대처하는 파일럿의 역할은 감도를 파악해 설정하는 것이다. 어디에 주의를 집중해야 할까? 스키 리조트 사례로 돌아가보자.

스키 리조트는 PPC 캠페인을 위해 24시간 또는 7일 동안 얼마나 많은 눈이 내렸는지 고려해야 한다. 이 요소를 구글 광고의 스마트 입찰 시스템에 추가해야 한다. 그렇지 않으면 이 시스템이 강설량을 입찰에 고려하지 않을 수 있다.

지난 며칠간 눈이 많이 내렸고 이에 따라 입찰 전략이 변경되었다고 하자. 그런데 날씨가 따뜻해 눈이 녹아 스키를 즐기기에 적합하지 않다는 사실을 알게 되었다. 눈의 상태를 고려하지 않는다면 실제 시나리오에서 예상했던 것보다 높은 금액을 입찰하게 된다. 파일럿은 시스템이 경로를 수정하기 위해 다양한 요소를 고려하고 있는지 점검해야 한다. 세상은 예측할 수 없는 변수로 가득 차 있기 때문에 그런 일에도 즉각적으로 대응할 수 있어야 한다.

민항기 파일럿은 아주 규칙적인 절차를 따른다. 과거에는 모든 절차가 두꺼운 서류철로 되어 있었지만, 이제는 아이패드와 같은 태블릿PC에 있다. 매뉴얼은 비행 중 발생할 수 있는 다양한 상황에 대해 시간대별로 정확한 순서에 따라 수행해야 하는 조치를 담고 있다. 파일럿이 하는 모든 조치는 시나리오처럼 정리되어 있으며, 파일럿은 해당 절차에 따라 모든 시스템이 올바르게 작동하는지 확인해야 한다.

루프트한자 항공사는 한 걸음 더 나아가 이 매뉴얼을 좌석에도 비치해두었다. 이 응급 절차 매뉴얼을 보면 산소 마스크가 천장에서 떨어지면 몇 초 내에 착용해야 하는지 정확히 알려준다.

당신이 퍼포먼스 마케팅 캠페인의 파일럿이라고 상상해보자. 고객이 다가와 묻는다. "우리는 월말까지 지출할 예산에 더해 약간의 추가 예산을 확보하고 있습니다. 어떻게 활용하는 것이 좋을까요?" 당신이라면 어떻게 답할 것인가? 자동 입찰 시스템을 오프라인 모드로 설정하고 해당 기간에 수동으로 입찰가를 높일 것인가? 아니면 캠페인 설정 메뉴로 이동해 입찰의 매개변수가 아닌 예산 항목을 조정할 것인가?

목표가 무엇인지는 고객이 알려주겠지만, 조종석 천장에 있는 200개의 복잡한 버튼이 무슨 기능을 하는지, 원하는 결과를 얻기 위해 어떤 버튼을 눌러야 하는지는 오직 파일럿만이 안다. 그것을 모른다면 대행사에 절차와 관련된 매뉴얼이 준비되어 있을 것이다. 이를 통해 고객에게 질문을 던지고 그에 대한 답변에 따라 원하는 결과를 얻기 위해 구글 스마트 자동 입찰 시스템을 어떻게 조정해야 하는지 판단해야 한다.

결국 퍼포먼스 마케팅은 캘리포니아에서 유럽으로 이동하는 데 걸리는 12시간 중 단 8분 동안만 비행기를 수동으로 조작하는 민항기 파일럿이 하는 일과 같다. 대부분 PPC 전문가는 시스템이 고장나지 않도록 모니터링하는 것이 주된 업무다. 그런 다음 광고주에게서 변경 요청이 있을 때 원하는 결과를 얻을 수 있도록 시스템이 제대로 설정되었는지 확인하는 것이 중요하다.

▶ 전투기 파일럿

2017년 7월 7일, 샌프란시스코공항에서 대형 항공사고가 발생할 뻔한 일이 있었다. 착륙 중이던 에어캐나다 소속 비행기 한 대가 활주로에서 이륙 대기 중이던 비행기 4대가 바로 위 10미터까지 접근했다.

미국 내 공항에 처음 설치되었던 ASSCAirport Surface Surveillance Capability(공항 지상 탐지 기능) 시스템은 몇 초 동안 이 비행기를 탐지하지 못했고, 두 제어장치 중 단 하나의 제어장치만 관제탑과 지상의 주파수를 모니터링했다. 첫 번째로 이륙 예정이던 비행기의 파일럿은 경고음을 울렸고, 에어캐나다 비행기는 착륙을 중지하고 곧바로 다시 상승했다. 다행히 사고는 발생하지 않았고 사상자도 없었다.

이러한 종류의 협업 시나리오는 PPC 캠페인과 다르다. 광고주는 경쟁자를 돕는 게 아니라 이기기를 원한다. 다시 말해 PPC 전문가는 사고 방지를 최우선으로 하는 민항기 파일럿보다는 전투기 파일럿에 가깝다. 또 PPC 전문가는 미식축구팀의 쿼터백과 같다. 전투기 파일럿과 쿼터백은 상대방이 시도하는 끊임없는 변화 속에서 광고주가 원하는 목표를 달성하기 위해 자신의 모든 경험을 활용할 수 있어야 한다.

전투기 파일럿과 쿼터백은 모두 상대의 실수를 이용한다. 마찬가지로 현명한 PPC 전문가 역시 기회를 발견하면 즉시 행동해야 한다. 경쟁자가 자동화에 지나치게 의존한다면 이것을 기회로 활용하기 위해 직접 개입할 수 있다. 설령 경쟁자에게 공격적인 대응을 취하지 않더라도, 공격을 받을 때는 반드시 방어적인 조치를 취해야 한다. 전투기 파일럿의 모니터링은 민항기 파일럿의 그것과 유사하지만 대응 방식이 다르다.

PPC 캠페인의 입찰가 오류로 광고가 검색 결과의 두 번째 페이지로 낮아졌던 사례를 떠올려보자. 이 상황에서 경쟁자는 낮은 비용으로 훨씬 더 많은 클릭을 얻을 수 있는 기회가 생겼다. 이것에 신속하게 대응한다면 충분한 데이터를 얻을 수 있을 뿐 아니라 낮은 CPA를 바탕으로 장기적인 경쟁우위를 누리며 큰 이익을 거둘 수 있다. 이를 위해서는 상황을 신속하게 판단하고, 무엇을 어떻게 조치해야 하는지 분명히 하는 것이 중요하다.

대부분 퍼포먼스 마케터는 자동화 또는 머신러닝 시스템보다 경쟁우위를 더 잘 활용할 수 있다. 나는 실리콘밸리에 살면서 자전거를 타고 돌아다니는 것을 좋아하는데, 어느 날 자전거가 4차선을 가로질러 좌회전하고 있었다. 이때 내가 진행하던 방향으로 구글의 자율주행차가 안전하게 멈춰 서는 것을 보았다.

나는 자율주행차의 머신러닝 시스템에 자전거와의 충돌을 피하는 프로그래밍이 되어 있다는 것을 알고 있었다. 나는 '자율주행차가 먼저 멈춰 선다는 것을 알고 있지만, 내가 먼저 멈춰 선다면 그 차가 무엇을 할 것인지도 알고 있다'고 생각했다. 나는 공격적인 사이클리스트로서 자율주행차의 예측 가능한 프로그래밍을 이길 수 있었다.

반대로 자율주행차의 비극적인 사례도 있었다. 2018년 3월, 우버의 실험용 자율주행차가 애리조나주 템피에서 보행자를 치어 사망에 이르게 한 사고가 발생했다. 일반적으로 자율주행 시스템은 인지, 계획, 실행의 3단계 프로세스로 작동한다. 시스템은 자율주행차의 전방과 주변에 무엇이 있는지 인식하고, 그것을 바탕으로 무엇을 할 것인지 계획을 세우고, 바퀴를 움직이고, 운전대를 돌리는 등의 작업을 한다.

한 여성이 어두운 4차선 도로에서 자전거를 끌며 건너가고 있었다. 자율주행차의 LIDAR이 여성을 인식했지만, 바로 그 순간 문제가 발생했다. LIDAR은 '자전거를 끌고 가는 사람이 앞에 있다'였지만, 시스템은 '자전거를 끌고 가는 사람일 리 없다. 여기는 고속도로이고 지금은 한밤중이며, 이 상황에서 보행자는 한번도 본 적이 없다. 인식이 잘못되었을 것이다'라고 판단했다. 시스템이 '어떻게 해야 할까?'라고 물었을 때 그 대답은 '계속 주행하라'는 것이었다.

이러한 오류는 실제로 예측할 수 없기 때문에 발생했으며, 머신러닝 모델이 학습되는 와중에서 이러한 예측 불가능성을 처리할 수 없었다.

이 사례보다 덜 비극적이고 더 경쟁적인 수준에서 일어나는 메시지는 분명하다. 머신러닝 시스템은 실수를 할 수 있으며, 이를 활용해 경쟁우위를 점할 수 있다. 머신러닝이 PPC를 지배하기 시작하기 몇 년 전으로 돌아가보자.

예전에는 '입찰 교란'이라는 전략이 있었다. 그때는 모든 광고주가 수동으로 CPC를 입찰했는데, 중요한 위치를 점하고 있던 고투GoTo는 순위를 유지하는 데 필요한 최소한의 금액으로 상위 광고주의 입찰가를 할인했다. 이는 기본적으로 2위 광고주의 입찰가보다 단 1센트 더 높게 입찰하는 방식이었다.

이 전략에 대응해 2위 광고주는 입찰가를 계속 올렸고, 그렇다 하더라도 1위 광고주보다는 늘 1센트 낮은 수준에 머물 수밖에 없었기 때문에 결국 1위 광고주가 최대 가격을 입찰하고 지불하도록 했다. 이를 통해 2위 광고주는 1위 광고주의 예산을 고갈시키고자 했고, 1위 광고주의 예산이 바닥나서 그 자리를 차지하게 되는 즉시 신속하게 입찰가를 낮추면서 입찰 교란을 했다. PPC 경매는 경쟁적인 게임과 같으며, 수단과 방법을 가리지 않고 이익을 얻으려고 하는 상황과 다름없다.

시간이 지나면서 구글 애드워즈 시스템이 입찰에 지출되는 금액을 덜 투명하게 만들었고, 이로 인해 입찰 교란 전략은 줄었으며 결국 전혀 불가능한 것이 되었다. 그러나 여전히 시스템에서 진행되는 유사한 경쟁 전략이 많이 존재하며, 자동화가 더욱 진전되어도 이러한 현상이 멈추지 않을 것이다.

경쟁업체가 목표 CPA 또는 목표 ROAS 같은 현재 입찰 전략에 과거의 입찰 교란과 같은 방식을 적용할 수 없다고 생각할 하등의 이유가 없다.

광고주가 반짝 할인을 한다면 머신러닝 시스템이 예상치 못한 전환율 증가를 실시간으로 포착하지 못하고, 그 결과 할인으로 발생한 추가 기회를 붙잡을 만큼 입찰가를 빠르게 변경하지 못할 수도 있다. 그러나 판매 일정에 주의를 기울이는 오프라인 경쟁자는 이 할인으로 인해 증가하는 검색 활동을 놓치지 않고 온라인 판매에 적극적으로 활용할 수 있다.

대형 백화점이 단 하루 할인 판매로 침대 시트를 많이 판매했지만, 그 기간에 목표를 변경하는 것을 잊었다고 가정해보자. 백화점이 할인 판매를 한다는 것을 알고 있는 소규모 침대 시트 광고주는 그 기간에 더 공격적으로 입찰가를 설정할 수 있고, 백화점의 마케팅 활동을 영리하게 활용할 수도 있다. 백화점은 침대 시트를 검색하도록 마케팅하지만, 소규모 침대 시트 광고주의 광고가 검색 결과 첫 번째 페이지 상단에 표시되어 더 많은 클릭을 받을 수도 있다.

몇 년 전에 있었던 통신업계의 사례를 들어보자. 미국 통신회사인 스프린트Sprint에서는 새로운 휴대전화를 출시했다. 스프린트는 출시를 앞두고 수백만 달러 규모의 텔레비전, 라디오, 인쇄물 광고 캠페인을 진행했다. 스프린트의 경쟁사인 AT&T와 버라이즌은 스프린트가 대규모 캠페인 비용을 지불할 것이라는 사실을 알고 이를 활용하기로 했다.

그들은 적절한 키워드로 PPC 광고를 구입했으며, 여기에 적극적으로 입찰해서 휴대전화 잠재고객들의 구매에 수많은 전환을 유도했다. 그들은 "스프린트가 수백만 달러를 써서 고객들로 하여금 우리가 싸게 구입한 키워드를 검색하도록 해주셔서 감사합니다. 우리를 위해 이 모든 일을 해주셔서 감사합니다!"라고 말하며 쾌재를 불렀을 것이다.

구글 광고의 자동 입찰 관리와 관련된 혁신은 상위 노출 보장 Target Outranking Share이라 불리는 기능이다. 이것은 광고주가 특정 업체의 광고보다 높은 순위로 광고를 노출할 수 있도록 해주는 것이다. 구글은 해당 광고가 지정된 경쟁업체의 광고보다 상단에 노출되도록 자동으로 입찰가를 높인다.

하지만 경쟁자가 똑같은 기능을 적용하면 어떻게 될까? 당연히 입찰가는 계속 올라갈 수밖에 없다. 그렇다면 승자는 누가 될까? 구글이 승자다. 결국에는 해당 광고를 진행하는 회사와 경쟁업체 중 어느 한쪽이 원하는 결과를 얻게 되겠지만, 이를 위해서는 상당한 비용이 필요하기 때문이다.

더 현명하고 안전한 접근 방식을 꼽는다면, 경쟁사보다 우위를 지키면서 지출 금액을 제한하는 것이다. 어리석은 입찰가를 설정하지 않는다면, 어떤 상황에서도 경쟁업체를 이길 수 있다. 경쟁을 통해 가장 만족스러운 결과를 얻는 것은 구글이고, 그다음으로 만족하는 것은 당신이며, 패배한 경쟁업체는 불행해진다.

필수적인 방어 전략은 일반적으로 '허세 입찰'이라고 부르는 것을 피하고 필요에 따라 상위 노출 보장을 활용하는 것이다. 상위 노출은 일반적으로 수익성이나 판매 목표와 직접적으로 연관되어 있다기보다는 브랜드가 잠재고객들에게 얼마나 노출되느냐에 기여한다. 말 그대로 '내 광고가 경쟁업체보다 먼저 나오길 원합니다'라는 의미다. 하지만 이 전략이 광고주의 사업에 어떤 역할을 하는 것일까? 브랜드 가치를 높이려고 하는가? 그렇다면 이미 브랜드에 더 많이 투자해온 업체와 브랜드 경쟁을 할 수 있을까?

전투기 파일럿은 어리석은 배우처럼 행동해서는 안 된다. 합리적인 전략이 존재하지만 허세 입찰은 해당하지 않는다. 구글에 클릭당 50달러를 지불하는 것이 내키지 않더라도 그 금액을 지불하는 것이 합리적일 때도 존재한다. 값비싼 클릭은 그만한 혹은 그 이상의 가치 전환으로 이어질 수 있기 때문에 결과적으로 수익을 가져다준다.

반대로 자신의 광고를 첫 번째 페이지에 노출할 수 있다면, 클릭당 50달러 지출이 수익에 나쁜 영향을 줘도 괜찮다는 광고주도 있다. 이런 광고주에게 분석을 통해, '전환율을 감안할 때, 클릭당 20달러 이상 지출하는 것은 합리적이지 않습니다'라고 말할 수 있다.

그러나 여기에 비논리적인 허영심이 개입한다. 광고주는 자신의 브랜드가 '가나다'로 시작하는 스마트폰 속 연락처처럼 항상 최상위에 있어야 한다는 이유만으로 1위를 차지하기를 원한다. 사람들이 전화번호부를 사용하던 시절이라면 모를까, 검색 마케팅에서 이러한 접근 방식은 통하지 않는다. 최종적으로는 광고주가 결정하겠지만, 전투기 파일럿 역할을 수행하는 퍼포먼스 마케터라면 최소한 그 결과가 어떻게 될지 그들에게 분명히 조언해야 한다.

구글 광고의 머신러닝은 이러한 작업을 수행할 수 없다. 마케터가 논리적으로 설득력 있는 주장을 제시한다면, 광고주는 분명한 성과를 얻을 수 있다. 물론 일부 광고주는 이 조언을 따르지 않을 수도 있지만, 마케터라면 최선을 다하는 것만으로도 의미를 찾을 수 있다.

반대로 경쟁업체가 허세 입찰을 하고 있다는 사실을 알게 되면

PPC 전문가는 이를 역이용할 수 있다. 경쟁업체의 전체 예산 규모가 고객의 그것보다 작다면, 수동으로 공격적인 입찰가를 설정해 경쟁업체의 일일 예산을 소진하게 유도하는 것이다.

경쟁업체의 일일 예산이 소진되면 광고주는 하루 종일 트래픽을 쉽게 지배할 수 있다. 입찰가를 크게 낮추더라도 여전히 많은 트래픽이 발생할 것이다. 이처럼 경쟁을 피하고 트래픽을 지배하기 위해 반나절을 기꺼이 희생하기도 한다. 경쟁업체가 설정해둔 예산으로 얻을 수 있는 클릭 수를 효과적으로 막았기 때문에 더 많은 트래픽을 얻기 위해 굳이 더 많은 비용을 지불할 필요가 없을 뿐 아니라, 광고가 최상단에 게재되어 더 높은 클릭률을 얻게 된다.

전투기 파일럿 전략의 또 다른 예는 창의적인 측면에서 더 많이 찾을 수 있다. 경쟁업체가 타사 브랜드를 키워드로 사용해 더 많은 트래픽을 얻을 수 있는데, 적어도 미국에서는 이를 규제하는 법률이 없긴 하지만 경쟁업체가 광고 문안에 내 브랜드를 사용하지는 않는지 주의깊게 살펴보아야 한다. 이러한 광고를 발견했다면 구글에 알려 해당 광고를 즉시 삭제할 수 있다.

모든 사람이 모방하려고 하는 매우 강력하고 매력적인 광고 문안을 만드는 것도 방법이다. 다른 광고주 또는 경쟁업체가 우수한 성과를 거두는 클릭 유도 광고 문안을 적용한다면 이를 알려주는 제3자 분석 도구가 있다. 아마 동일한 분석 도구를 사용하는 수많은 광고주가 이러한 분석 결과를 보고 "흥미롭군요. 우리도 동일한 클릭 유도 광고 문안을 시도해보겠습니다"라고 말할 것이다.

물론 모든 광고주가 동일하거나 유사한 클릭 유도 광고 문안을 사용하기 시작하면 원본 광고를 돋보이게 하던 특별함과 가치가 희석된다. 모방 광고는 이제 흔해 빠진 것이 되었고, 트렌드를 얼마나 빨리 받아들이고 반응하는지, 어떻게 하면 모방하기에 급급한 경쟁업체들보다 한 발 앞서 나가는지가 중요해졌다.

우선 모방 여부를 스스로 알아내는 것은 사실상 불가능하기 때문에 일종의 모니터링과 알림 도구가 필요하다. 검색 결과를 보고 이러한 업무를 수행할 수도 있지만, 클릭률이나 KPI가 어떻게 변하고 있는지를 모니터링하고 알림을 받을 수 있게 설정할 수도 있다.

구글 광고 서비스 약관에 따르면 구글 자체를 모니터링할 수는 없다. 경쟁업체가 어떻게 하고 있는지 확인하기 위해 구글 광고를 실시간으로 스크랩하는 것은 PPC 마케팅을 계속하고 싶다면 절대 하지 말아야 할 행동이다. 그러나 경쟁 상황이 어떤지를 나타내는 지표의 이상 징후를 확인하는 것은 가능하다.

경쟁업체가 특정 광고주의 광고를 모방했더라도 실제로 광고주의 측정 항목에 나쁜 영향을 끼치지 않는다면 문제가 되지 않는다. 그러나 광고가 여전히 동일한 위치에 노출되고 있는데 클릭률이 떨어졌다면 이는 경쟁업체가 광고를 모방하기 시작했다는 신호일 가능성이 높다. 이 신호에 대해 알림을 설정하면 경쟁업체들이 무엇을 하고 있는지 확인할 수 있다. 그 즉시 직접 검색을 통해 경쟁업체의 광고를 확인해서 그들보다 한 발 앞서 움직일 수 있다.

이제 새로운 광고 문안을 신속하게 테스트해야 한다. 경쟁업체보다 앞서 있다면 광고 문안을 작성하는 일도 수월할 것이다. 경쟁업체의 광고 문안이 정체되어 있을 때, 광고주와 대행사는 한발 앞서 나아갈 수 있다. 디지털 마케터는 민항기 파일럿처럼 머신러닝 시스템으로 인해 발생할 수 있는 문제를 주시하고 수정해야 하며, 전투기 파일럿처럼 경쟁자가 저지르는 실수를 기회로 활용해야 한다.

결국 머신러닝 문제는 학습을 통해서만 바로잡을 수 있으며, 모든 머신러닝 시스템은 반드시 적절하게 학습해야 한다. 인간만이 시스템을 학습시킬 수 있다. PPC 전문가가 맡을 수 있는 또다른 역할이 바로 교사다.

7 ▶

교사

    이 책을 통해 PPC 머신러닝 시스템(또는 모든 인공지능 시스템)에 대해 명확히 밝히고 싶은 것은 다른 소프트웨어와 마찬가지로 사람이 이런 시스템을 역시 개발한다는 사실이다. 머신러닝 시스템은 스스로 존재할 수 없으며 스스로 학습하지도 않는다. 교사 역할을 맡은 전문가는 시스템의 초기 학습을 수행하고 필요에 따라 학습을 지속적으로 개선해야 한다.

    대부분 사람들이 머신러닝을 블랙박스로 생각하거나 마법에 의해 작동하는 것으로 받아들이고 있다. 그러나 PPC 머신러닝 시스템은 수학과 통계학, 계산 모델링을 통해 구축되고 학습된다. 이를 위해 사람은 기본적인 알고리즘을 작성해야 한다. 그뿐만 아니라, 시스템이 새로운 요인을 살펴보고 예측을 정확하게 할 수 있도록 기존 알고리즘을 지속적으로 개선해나가야 한다.

더 나아가 완전히 새로운 머신러닝 모델을 만들 수 있는 것도 다름 아닌 인간이다.

이는 마케팅 영역 밖에 있는 것 같지만, 엄밀히 말해 생각만큼 그리 멀리 있지는 않다. 퍼포먼스 마케팅은 기존 마케팅보다 훨씬 더 정량적이며 최근 수년 동안 빠르게 확산되어왔다. 검색엔진 마케팅은 지난 15년 동안 꾸준히 발전하면서 데이터 분석을 늘려왔고, 점점 더 자동화된 시스템과 함께 일해왔다. 퍼포먼스 마케팅은 창의적인 측면보다는 입찰가나 예산과 같은 정량적인 항목의 최적화에 좀더 초점을 맞추고 있다.

▶ 개발과 교육

교사 역할은 특히 기술 관련 교육을 받은 PPC 전문가와 관련 있다. 일반인은 누군가가 만든 머신러닝 시스템을 활용하는 것에 그치는 반면, 퀀트Quant*에게는 PPC 머신러닝의 미래를 만들 수 있는 기회가 열린 것이다. 하지만 퀀트든 아니든 PPC 전문가라면 무릇 이 역할을 제대로 이해하고 있어야 한다. 머신러닝 시스템을 처음 개발하거나 수정하기 위해 별도의 교육을 받을 필요는 없지만, 기존 시스템이 과거의 데이터를 통해 어떻게 학습하는지는 이해해야 한다. 이 모든 것은 궁극적으로 광고주가 누

---

* 계량적 모형을 기반으로 투자 전략을 실행하거나 시장을 분석하는 금융전문가들을 일컫는 말로, 'Quantitative'에서 비롯된 말이다. 넓은 의미로는 분야를 막론하고 계량적 모형을 활용하는 전문가들을 일컫는다.

구이며 광고주의 요구가 무엇인지를 아는 데 달려 있다. 무엇을 해야 광고주를 위해 필요한 변화를 만들 수 있을까?

예를 들어, 입찰가를 조정하는 것은 모든 PPC 마케팅 활동에서 중요한 일이다. 입찰가는 PPC 전문가와 광고주가 설정한 기준, 즉 여러 변수의 조합을 고려했을 때 특정 클릭의 가치가 어느 정도로 평가되어야 하는지에 따라 결정된다. 구글 광고에서 조정할 수 있는 몇 가지 기본 요소는 사용자의 위치, 시간, 요일, 기기 유형, 사용자의 성별, 연령대와 같은 인구통계학적 요소다.

많은 양의 데이터를 사용해 최적화할 때 사람들은 모든 것을 평균으로 처리하는 경향이 있다. 훌륭한 머신러닝 시스템은 이런 방식으로 작동해서는 안 되며, 그 여부를 확인하는 것은 교사의 몫이다. 일반적으로 입찰가가 너무 낮으면 좀더 높이고, 너무 높으면 좀더 낮춰야 한다. 하지만 입찰가의 높고 낮음에 대한 정의는 연관된 요인에 따라 달라진다.

먼저 사용자의 지역을 고려해야 한다. 교사 역할을 훌륭하게 수행하는 PPC 전문가는 특정 지역의 입찰가가 다른 지역의 그것보다 비싼 이유를 알고 있다.

뉴욕은 아마도 캘러머주*보다 물가가 훨씬 더 높을 텐데, 뉴욕처럼 물가가 비싼 곳을 찾아서 가격을 낮추고, 평균에 비해 싼 곳의 가격을 높여서 결국 모든 것이 평균으로 수렴하도록 자동화

---

* 미국 미시간주 남서부의 도시.

시스템을 구축할 수도 있다.

이러한 접근 방식은 각 지역에서 업종별로 비용이 다를 수 있다는 사실을 간과하는 것이다. 변호사를 고용하려면 더 높은 물가를 감안할 때 캘러머주보다 뉴욕에서 더 많은 수임료를 지불해야 한다. 반대로 어떤 업종의 가격은 뉴욕보다 캘러머주에서 더 비쌀 수도 있다.

교사 역할에서는 머신러닝 모델을 개발하거나 수정할 때 서로 다른 지역의 구매력에 대한 빅맥지수*를 사용할지 결정해야 한다. 광고주 업종의 입찰가가 여러 지역에도 동일한 가격으로 형성되어 있는가? 아니면 대행사가 여러 도시에 걸쳐 동일한 업종에 충분한 수의 광고주를 보유하고 있어서 지역마다 다른 기준을 설정해야 할까? 시스템이 서로 다른 도시와 서로 다른 계정에 걸쳐 동일한 업종의 동일한 키워드에 대한 최적의 기준이 무엇인지 이해하고 이를 활용할 수 있는가? 교사 역할은 그 도시에서 적절한 입찰가를 설정하는 것과 같이 목표를 달성하기 위해 적용할 수 있는 공식 또는 방법론을 정의하는 것이다.

수학에는 매우 간단한 분야도 있고 고차원적인 분야도 있다. 교사는 접근할 수 있는 데이터의 양과 제약을 고려해 어떤 것을 현실 세계에 가장 가깝게 모델링해야 하는지 파악해야 한다. 이

---

* 전 세계적으로 널리 판매되고 있는 맥도날드의 대표 메뉴인 빅맥의 가격을 비교함으로써 각 국가별 구매력과 환율 등을 평가하는 지수다. 영국의 《이코노미스트》가 1986년 처음 조사해 발표했다. 유사한 지수로는 스타벅스 라떼지수가 있다.

사례에서 머신러닝 모델의 기준은 뉴욕이 어떤 업종에서 캘러머주보다 비싸고 어떤 업종에서 그 반대인지를 알고 있다는 사실이다.

교사 역할을 하는 전문가라면, 시스템이 평균에 맞춰 입찰가를 조정하게 할 것이 아니라, '뉴욕에서 법률 상담으로 유도하는 클릭에 대해 적절한 금액을 지불하고 있습니까?'라고 질문할 수 있어야 한다. 뉴욕의 CPC는 캘러머주의 그것보다 높을 수 있지만, 비교해야 할 올바른 대상은 뉴욕의 다른 법률사무소 광고의 CPC가 되어야 한다.

이와 같은 패턴 인식 문제는 대부분 빅데이터로 해결할 수 있으며, 빅데이터는 머신러닝 시스템에서만 처리할 수 있다. 현재의 광고대행사는 이미 필요한 빅데이터에 접근할 수 있는 조건을 갖추고 있고, 설령 그렇지 않더라도 옵트마이저와 같은 솔루션 공급업체를 통해 필요한 추가 데이터와 처리 능력을 확보할 수 있다.

PPC 문제를 해결하기 위한 머신러닝 모델의 개발

PPC 문제를 해결하기 위해 머신러닝 모델을 개발한다면, 무엇이 필요할까? 다양한 지리적 위치에 대한 입찰가 변경을 적용할 수 있는 알고리즘을 설정하기 위해 수행한 작업은 다음과 같다.

우선, 실적 개선을 위해 다양한 지리적 위치에서 입찰가 조정을 권유하는 도구를 개발했다. 하지만 기존의 CPA 또는 ROAS 목표를 추구하는 것은 특정 업종에 대해 특정 지역의 비용이 얼마나 드는지를 간과한다는 사실을 발견했다. 예를 들어, 샌프란시스코는 일반적으로 더 비싼 시장이기 때문에 이 지역에서 입찰가를 낮추는 것은 합리적이지 않다. 샌프란시스코의 실제 효율이 예상보다 낮을 때 입찰가를 낮춰야 한다.

인간은 1차원과 2차원 데이터를 이해하고 분석하는 데 능숙하지만, 고려해야 하는 변수나 차원이 있으면 복잡해진다. 여기에 머신러닝의 필요성이 제기된다.

우리는 위치 비용, 특정 카테고리 비용, 품질 점수, CPC 등을 포함한 다양한 기능과 데이터를 기반으로 캠페인의 평균 게재 순위를 생성하는 모델을 구축했다. 이는 수만 개의 계정 분석을 토대로 입찰가 조정의 결과로 얻을 수 있는 새로운 평균 게재 순위를 시뮬레이션하는 데 사용된 모델이다.

우리는 캠페인 수준에서만 시뮬레이션을 수행했으며 계정 수준에서 유사한 목표를 달성할 수 있는지 검증해야 한다는 점에서, 이 모델을 완벽한 솔루션이라 보기 어려웠다. 하지만 특정 위치에서 공격적인 입찰이 필요한 캠페인과 더 낮은 입찰가를 적용해야 하는 캠페인을 파악해 최소한의 비용으로 계정 전체 클릭률 또는 전환율을 극대화할 수 있도록 했다. 컴퓨터 과학에서는 이를 비선형 분수 배낭 문제라고 하며, 이러한 문제는 기존 알고리즘으로는 주어진 시간 내에 해결하기가 매우 어렵다.

이러한 한계를 극복하고자 우리는 유전자 최적화 알고리즘을 사용했다. 컴퓨터 과학과 실행 연구에 유전 알고리즘GA은 다윈의 자연선택론에서 영감을 얻었으며, 이는 상위 등급에 해당하는 진화 알고리즘EA에 포함되는 개념이다. 유전 알고리즘은 일반적으로 돌연변이, 이종교배, 선택과 같은 생물학적 프로세스에서 영감을 받은 연산자에 기초해 최적화와 검색 문제에 대한 높은 품질의 솔루션을 생성하는 데 사용된다.

이를 통해 다양한 지리적 위치에서 캠페인에 대한 최적의 입찰가 조정을 수행할 수 있다. 이러한 수준의 지능은 계정이 CPC를 낮추고 ROAS를 높이는 데 충분한 도움이 되었다. 수백 개의 캠페인과 위치 조합에 대한 입찰가 조합을 만드는 것은 사람이 직접 수행하기가 매우 어려운 일이기 때문이다.

디웨이커 N. 아마르나스(옵트마이저 소프트웨어 엔지니어)

▶ 빅쿼리 머신러닝

자체적으로 머신러닝 모델을 구축하는 방식으로 구글 광고와 함께 만든 BQMLBig Query Machine Learning*이 있다. BQML은 고객의 사업에 대한 특정 데이터를 시스템에 제공하는 데 도움이 된다. 여기에는 원하는 결과(클릭 확보와 판매)로 이어진 시나리오에 관한 데이터가 포함되어 있다. 이를 통해 시스템에 데이터가 제공되면 머신이 실제로 학습할 수 있지만, 처음에는 사람이 직접 데이터와 실제 사례를 입력해야 한다.

---

* 빅쿼리 머신러닝. Big Query는 구글 클라우드 플랫폼이 제공하는 서버리스 데이터 웨어하우스로, 페타 바이트급의 대용량 데이터 분석 기능을 지원한다. 빅쿼리 머신러닝은 빅쿼리에서 직접 머신러닝을 개발하고 활용할 수 있는 기능을 말한다.

머신러닝 모델을 처음부터 구축할 수 있는 계량 분석가가 아니더라도 대행사의 누군가가 해당 모델이 고려하는 요소를 수정하거나 조정할 수 있어야 한다.

모든 광고주는 각자의 데이터를 바탕으로 원하는 결과를 얻기 위해 다양한 요인을 고려한다. 무엇보다도 PPC 머신러닝 모델에 적절하게 이러한 요인을 입력하는 것이 중요한데, 이는 합리적인 가설을 수립하고 BQML과 같은 도구를 통해 원하는 결과를 도출하는 데 도움이 된다.

조던 엘런버그Jordan Ellenberg는 『틀리지 않는 법: 수학적 사고의 힘』에서 유익한 이야기를 들려주었다. 제2차 세계대전 당시 미국 공군은 비행기가 격추당할 가능성을 최소화하기를 원했다. 문제는 비행기의 어느 부분을 보강하느냐였는데, 총에 맞아 구멍이 난 비행기는 모두 수리를 위해 격납고에 있었다. 당시 데이터 과학자에 가까운 역할을 수행했던 전문가들은 비행기의 각 주요 부품(날개, 엔진, 동체 등)에 몇 개의 구멍이 있는지 분석했다. 단위 면적당 가장 많은 총알 구멍이 발견된 곳은 다름 아닌 동체였고, 이 결과에 근거해 모든 비행기의 동체에 강철을 덧대어 강화하기로 결정했다. 하지만 무게 때문에 비행기 전체를 보강할 수는 없었다.

뛰어난 수학자였던 에이브러햄 월드Abraham Wald는 다른 생각을 했다. 그는 동체에 총알 구멍이 가득하더라도 비행기가 기지로 돌아올 수 있었다면 문제가 안 된다고 했다. 이전 연구자들이

간과했던 것은 다시 돌아오지 못한 비행기가 어느 부분에 손상을 입고 추락했는지를 검토하는 것이었다. 그것은 바로 엔진이었다.

이와 마찬가지로 퍼포먼스 마케터는 고객의 사업에 영향을 미칠 수 있는 요인을 머신에 제공해서 예측이 가능하게끔 해야 한다. 구글 광고는 위치, 시간, 요일, 성별 등 200개 이상의 요소를 자동으로 조정하지만, 고객의 사업에 큰 영향을 미치는 다른 요인이 존재하는 것도 엄연한 사실이다.

다소 과도하게 사용되는 전형적인 변수는 바로 날씨다. 테라스 좌석이 많은 레스토랑이라면 비가 오는 날에는 아무도 밖에 앉고 싶지 않기 때문에 매출이 줄어든다. 하지만 아름다운 여름밤이라면 누구나 테라스에 앉고 싶어 할 것이고, 별다른 노력 없이도 두 배나 많은 매출을 올릴 수 있다.

이때 날씨 요인을 광고비 지출 방식과 어떻게 연결할 수 있을까? 비가 오는 날에는 할인이 특히 중요하다. '저희 레스토랑을 찾아주세요. 날씨가 어떻든 간에 놀라운 해피 아워가 여러분을 기다리고 있습니다'와 같은 광고를 실행할 필요가 있다. 반면 레스토랑이 저절로 꽉 들어차는 여름밤에는 광고를 전혀 할 필요가 없으며 광고주는 비용을 아낄 수 있다.

날씨를 기준으로 입찰가를 설정하는 것은 이해할 만하다. 그러나 날씨에는 많은 요소가 포함되어 있어 업종에 따라 다른 결과가 도출될 수 있다.

레스토랑의 사례는 매우 단순한 것이지만, 자동차 대리점이라면 상황은 좀더 복잡해진다. 비가 시간당 5밀리미터 내린다거나 기온이 어제보다 3도 높아지면 과연 대리점에 오는 사람들에게 어떤 영향을 미치는지 예상할 수 있을까? 문제는 퍼포먼스 마케터 중 상당수가 대답할 수 있는 질문과 그렇지 못한 질문을 알지 못한다는 사실이다. 설령 알고 있다 하더라도 답변을 도출하는 합당한 방법을 잘 모른다.

BQML을 사용하면 클릭과 전환 같은 발생값을 시스템에 연결해 예측할 수 있다. 그뿐만 아니라, 클릭과 판매가 발생한 날의 기온과 같은 흥미로운 다른 데이터를 추가할 수 있다. 시스템은 이러한 요인과 성과 사이의 상관관계를 분석한다.

이슬비만 내리는 날에는 대리점 방문 고객 숫자와 상관관계가 없을 수 있지만, 비가 시간당 10밀리미터 이상 내린다면 큰 영향을 미친다. 이러한 통찰력은 광고주의 계정을 최적화하는 데 활용하기에 충분하다.

여기서 요점은 어떤 현상을 직관적으로 이해할 수는 있지만, 특정 요인이나 다른 요인이 그 현상에 미치는 정확한 영향을 파악하지 않고서는 질문에 대한 올바른 답을 얻을 수 없다는 사실이다.

그렇다. 분명 날씨가 어떻게든 영향을 미치는 것은 직관적으로 분명해 보인다. 하지만 어떤 날씨가 입찰가와 예산에 얼마나 영향을 미치고 있는가? 여기에 대해 답을 갖고 있지 않다면, BQML과 같은 도구를 통해 이러한 종류의 질문에 대한 답을 얻어 무언가를 시도해볼 수 있는 단초를 마련할 수 있다.

▶ 회귀분석 모델

모든 것은 학습으로 시작되며, 상관관계가 있다고 판단된 요인들을 고려해 시스템을 테스트하는 것이 중요하다. 이 작업을 수행하는 데 어려운 기술적 배경이 필요한 것은 아니다. 머신러닝 시스템은 종종 회귀분석 모델을 사용하는데, 이 용어는 다소 낯설게 들릴지 모르나 단순하게 생각하면 변수(광고주의 사업에 영향을 미치는 다양한 요인)가 서로 관련되는 방식을 보여주는 것이다.

레드핀Redfin 또는 질로Zillow*와 같은 웹사이트는 회귀분석 모델을 사용해 주택의 가치를 예측한다. 그들이 요청하는 정보는 집과 마당의 면적, 방과 욕실의 수, 주소 등 매우 기본적인 것이다. 이러한 수백만 개의 데이터를 바탕으로 시스템은 그 주택의 가치가 얼마인지를 계산한다.

이는 PPC 입찰 관리 방식과 동일하다. 우편번호 94022 지역(캘리포니아주 팰로앨토)에 거주하는 사람들은 침실이 3개인 집보다 침실이 4개인 집을 선호하는 경향이 있다고 하자. 이 지역에서 주택 매매 또는 임대 광고를 게재할 때, 침실이 4개인 집에 대한 클릭에 좀더 높은 금액으로 입찰해야 한다. 이는 시스템을 학

---

* 미국의 대표적인 부동산 중개 플랫폼.

습시킬 때 고려해야 할 중요한 요소가 된다.

▶ 감독 모델

감독 모델을 학습시킬 때 교사는 시스템에 중요하다고 생각되는 과거 데이터(모니터링되었거나 혹은 확인된 데이터)를 입력해야 한다. 여기에는 광고주가 과거에 판매한 금액, 제품, 서비스를 구매한 고객의 위치 등이 포함된다. 모델에 입력하는 모든 데이터는 분류되어 있기 때문에 전체 데이터 세트는 이에 따라 구조화된다. 어떤 것은 클릭을 나타내고 또 다른 것은 전환을 나타내는 식이다. 그런 다음 머신은 새로운 데이터와 과거 데이터의 유사점과 차이점을 고려해 판매할 수 있는 금액을 예측한다.

머신러닝은 유사한 패턴들을 찾아내기 때문에 새로운 통찰력을 제공한다. 어떤 우편번호에 거주하는 사용자가 다른 우편번호에 거주하는 사용자보다 가치 있는 고객이 될 것이라고 일반화하는 과정에서 오류가 생긴다. 하지만 시스템은 수많은 데이터의 패턴을 통해 유사성을 찾아낸다. 교사 역할에서는 선명하게 드러나지는 않지만, 기존 고객과 유사한 패턴을 지닌 새로운 고객을 찾아내도록 시스템을 학습시킨다. 구글의 '유사 잠재고객' 타깃팅 기능이 이를 상용화한 좋은 사례다.

머신이 현재까지 드러나지 않은 유사성을 기반으로 잠재적인 신규 고객을 발견하게 하려면 현재 고객을 기반으로 가능한 한 많은 데이터를 입력해야 한다.

▶ 강화 학습

최근 들어 그 중요성이 점점 더 부각되는 또 다른 유형의 훈련은 강화 학습이다. 교사로서 PPC 전문가의 임무는 시스템이 미래를 예측하는 데 도움이 될 과거 데이터를 제공하는 것이 아니라 게임의 규칙을 정확히 이해하게끔 하는 것이다.

강화 학습의 고전적인 예는 '벽돌 깨기' 게임이다. 플레이어는 작은 공을 떨어뜨리지 않고 계속해서 막대기로 튕겨내 벽돌을 최대한 깨부수는 것이 이 게임의 목표다.

컴퓨터에 스스로 게임을 할 수 있도록 법칙을 알려주고 나면, 처음에는 컴퓨터가 매우 임의적인 방식으로 막대기를 움직인다. 하지만 게임을 계속하면서 막대기가 공에서 멀어지면 공이 땅으로 떨어지고, 벽돌이 부서지지 않으며 결국 점수가 높아지지 않는다는 것을 알게 된다.

이 법칙을 이해한 컴퓨터는 다른 전략을 시도한다. 항상 공을 튕겨내기만 한다면 공이 땅에 떨어지지 않아 더 많은 벽돌을 깨뜨릴 수 있다는 것을 알아낼 때까지 다양한 전략을 테스트한다. 나아가 더 많은 벽돌을 깨부수기 위해 여기저기로 공을 튕겨내야 한다는 것 또한 알게 된다. 이 시점이 지나면 벽돌이 빠르게 깨지고 최대한 많은 점수가 누적된다.

컴퓨터는 강화 학습을 통해 이 게임의 해결 방법을 배웠다. 요점은 컴퓨터가 막대기를 어디에 두어야 하는지 학습해 공을 튕겨내 모든 벽돌을 깨부수고 가장 많은 점수를 모은다는 것이다.

기본적으로 강화 학습에서는 게임의 규칙을 정의한 다음 컴퓨터가 시뮬레이션을 실행해 승리하는 방법을 알아낸다. 자율주행차에도 동일한 원칙이 적용된다. 자율주행차의 대수와 하루의 시간과 같은 제약을 감안할 때, 자율주행차가 어떻게 운행해야 하는지를 결정하기 위해 이에 필요한 데이터를 얼마나 빠르게 활용할 수 있는지가 관건이다. 이것이 바로 구글이 시뮬레이터를 만든 이유다.

자율주행차의 머신러닝 시스템은 기본적으로 하나의 게임을 하고 있는 것과 마찬가지이며, 이 게임의 규칙은 다음과 같다. 아무것도 치지 말 것. 누구도 죽거나 다치게 하지 말 것. 구글이 자율주행차를 실제 도로에서 운행할 때 자유주행차가 마주치는 대부분의 상황은 정상적인 것이고, 어려운 상황에 직면하는 것은 고작 하루에 3~4번 정도일 뿐이다. 이때는 반드시 사람이 개입해서 운행해야만 하기 때문에 자율주행차가 위험한 상황에서 어떻게 작동해야 할지를 학습하기에 충분하지 않다. 하지만 시뮬레이터는 복잡한 교차로에서 수행해야 하는 시나리오를 수천 번 실행할 수 있어 시스템이 자율주행의 원칙을 이해하고 학습하는 데 충분한 기회를 제공한다.

게임화와 시뮬레이션과 관련된 강화 학습이 퍼포먼스 마케팅에서 갖는 잠재적인 이점은 실제 데이터에 크게 의존하지 않고도 시스템을 학습시킬 수 있다는 것이다. 실제 데이터로 시스템을 학습시키려면 엄청난 비용이 소요된다. 광고주가 법률사무소

이고 CPC는 20~30달러 수준이라고 가정해보자. 컴퓨터가 적절한 예측을 할 수 있도록 수천 번의 클릭에서 얻은 데이터를 사용한다면 고객은 2만 달러 이상을 지출해야 한다.

하지만 강화 학습을 통해 컴퓨터에 게임의 규칙을 가르칠 수 있다면, 훨씬 저렴한 비용으로 시뮬레이션을 할 수 있으며, 매우 빠르게 혹은 즉각적으로 필요한 수준의 결과를 도출할 수 있다.

▶ 품질지수 학습

애드워즈에 적용된 첫 번째 머신러닝은 클릭 가능성에 따라 광고의 순위를 매기는 품질지수 시스템이었다. 시스템 학습을 위해 애드워즈팀의 누군가에게 사용자들의 검색 기록, 그에 따른 검색 결과와 그 검색 결과에 포함된 광고의 목록이 제공되었다. 그런 다음 팀원은 여러 요인에 따라 광고 순위를 지정한다. '이 광고는 키워드와 얼마나 관련이 있는가?' '텍스트와 랜딩 페이지는 얼마나 관련이 있는가?'와 같은 질문을 던지고, 각 요인별로 1~5의 관련성 점수를 부여한다.

당시 평가된 키워드 중 하나는 '아이패드iPad'였는데, 이 키워드를 사용한 광고는 예상 밖으로 낮은 점수를 받고 있었다. 아이패드는 처음 출시되었을 때 매우 인기가 있었으며, 성능과 디자인이 탁월한 태블릿PC였다. 그러나 아이패드가 인기를 끌자, '이 양식을 작성하고, 친구 5명에게 이 양식을 작성하게 하면, 무료 아이패드를 보내 드리겠습니다'와 같은 사기성 프로모션이 널리 퍼졌다.

이러한 종류의 프로모션은 요구 사항을 충족하는 것이 엄청나게 어려웠거나 혹은 완전한 사기였기에 사용자 중 누구도 무료로 아이패드를 받지 못했다. 이와 관련된 광고는 결국 검색 결과에 대한 사용자의 신뢰가 악화된다는 것을 의미했기에 구글은 이 문제를 반드시 해결해야만 했다.

애드워즈팀은 이 결과를 보고 패턴을 발견했다. 이제 다음 과제는 어떻게 하면 이와 유사한 문제가 있는 광고를 자동으로 식별하는지였으며, 이는 머신러닝을 학습시키기에 완벽한 질문이었다. 교사는 시스템이 고려할 추가 데이터를 제공하고, 모델을 재구축한 후 품질지수 시스템은 수십억 개의 구글 광고에서 이 패턴을 식별할 수 있게 되었다.

애드워즈팀은 결과를 보고 키워드에 연결된 잘못된 광고가 모두 발견되었는지 확인하고 싶었다. 모든 사기성 광고를 찾아냈는가? 점진적으로 개선이 되었지만 문제를 완전히 해결하기에는 충분치 않았다. 여전히 거짓 양성 또는 거짓 음성이 너무 많았다. 머신러닝 모델은 각 요인에 대한 가중치를 약간 다르게 해서 각 광고를 평가하기 위해 다시 업데이트되었다.

그리고 그 결과 평가를 반복하고, 시간이 지남에 따라 시스템은 지속적으로 개선되었다. 절대적인 정확성은 달성 가능한 목표가 아니었기에 100%를 목표로 할 수는 없었다. 우리는 이 시스템으로 인해 정상적인 광고주가 피해를 입는 것을 원하지 않았다. 극소수의 나쁜 광고주들이 여전히 활동하게 된다면 그것은 어쩔 수 없이 치러야 하는 비용 같은 것이라고 받아들였다. 문제는 시스템이 반드시 확보해야 하는 '충분히 좋은' 표준을 설정하는 것이었다.

그 지점에서부터 머신은 결과를 분석하고 실수에서 학습해 스스로 배워나갈 수 있다. 그러나 분명한 사실은 시스템이 스스로 구축되지 않는다는 것이다. 처음에는 많은 부분에서 사람의 개입이 필수적이다. 어떤 문제를 살펴보아야 하는지, 그 문제를 어떻게 해결할 것인지, 학습을 하면 시스템이 문제를 올바르게 해결할 수 있는지 질문해야 한다.

품질지수 시스템은 다양한 요인을 포함하는 데이터 세트를 통해 클릭률을 예측하고자 했다. 클릭 가능성을 높이거나 낮추는 요인이나 조합은 무엇일까? 한 가지 예는 검색을 수행하는 사람의 위치와 광고주의 위치에 따른 관계다. 독일에 있는 사용자가 검색을 하고, 프랑스와 독일의 공급업체가 게재한 광고를 본다고 가정해보자. 이때 독일 내의 배송비가 더 저렴하고, 사용자가 자국 내에서 구매하는 것을 선호하기 때문에 아마도 독일의 공급업체가 더 높은 클릭률을 얻을 것이다.

이처럼 교사의 역할은 고려해야 할 요소의 조합이 무엇인지 파악하는 것이다. 요즘은 컴퓨팅 파워가 너무나 크기 때문에 시스템은 엄청나게 많은 요소와 그 조합을 고려하는 경향이 있다. 따라서 의미 있는 성과를 창출할 가능성이 높은 요소들을 우선적으로 살펴보려면 교사 역할을 하는 전문가의 지도가 반드시 필요하다.

음력 주기가 클릭률에 영향을 미치는 요인인지 확인해본 것을 떠올려보자. 결국 그렇지 않은 것으로 밝혀졌지만, 그것은 검증해볼 만한 적절한 가설이었다. 누가 알겠는가? 아마도 타로점을 볼 수 있는 웹사이트를 운영하는 광고주라면, 달이 꽉 찼을 때 더 나은 성과를 거둘지도 모르는 일이다. 이 광고주를 위한 자동화 시스템을 구축한다면 매월 보름쯤에 입찰가를 높여야 할 수도 있다.

다시 한번 강조하지만, 구글의 표준 모델을 사용하되 추가적으로 고객에게 특화된 요소를 고려해야 한다. BQML은 다음과 같은 중요한 질문, 즉 '추가적인 데이터가 중요한가? 중요하다면 어느 정도인가? 이 데이터를 통해 파악한 상관관계를 어떻게 자동화할 것인가?' 등에 대한 답을 구하는 데 도움이 된다. 이를 사용해 머신이 학습해야 할 모든 관련 데이터를 시스템에 공급할 수 있다.

시스템은 오늘 날짜, 현재 날씨, 심지어 음력 주기를 기준으로 보았을 때, 오늘 밤에 많은 수의 전환을 얻을 수 있을 것 같다고 말할 수 있다. 이제 광고주는 이러한 예측에 기반해 입찰을 자동화하거나 수동 관리를 하며 좀더 공격적인 CPA 목표를 설정할 수 있다. 구글 광고의 머신러닝 시스템은 스스로 이러한 작업을 수행하지는 못한다. 이 시스템에만 의존한다면 최상의 성과에 미치지 못하는 평균적인 실적을 내는 광고주에 머무르게 된다.

　교사 역할을 수행하는 퍼포먼스 마케터라면, 구글 광고 시스템이 찾아내지 못하는 기회를 파악해서 최상의 성과를 달성할 수 있도록 필요한 조치를 해야만 한다. 이러한 역할이야말로 전문가를 돋보이게 하는 교사로서의 가치다.

▶　머신러닝 모델

　　　달성해야 할 목표가 매우 중요하고 충분한 자원을 확보하고 있다면, 좀더 적극적이고 직접적으로 문제를 해결하는 방법도 있다. 그것은 다름 아니라, 자체적으로 머신러닝 모델을 구축하는 방식이다. 이것은 가장 어렵고 고도화된 방식으로, 충분한 기술적 이해를 갖춘 PPC 전문가가 구축해야 할 사항과 기존 도구를 활용해 구축할 수 있는 사항을 명확히 결정하는 것이 중요하다. 다시 말하지만, 정량 분석가에게는 아직 초기 단계에 있는 PPC 머신러닝의 미래를 개척해나갈 수 있는 좋은 기회가 눈앞에 펼쳐져 있다.

　모델이 실제 세계를 표현하는 수학적 방법이라는 사실을 기억한다면, 고객의 목표와 요구를 달성하기 위해 결정적인 요소가 무엇인지 이해하는 데 가장 적합한 머신러닝 모델을 파악해야 한다. 이 모델의 목적은 고객의 목표를 달성하는 데 필요한 조치를 취할 수 있도록 예측할 수 있는 공식을 생성하는 것으로 유일무이한 정답이 존재하지 않는다. 무엇이 사업 결과를 좌우하는지에 따라 다양한 유형의 모델이 더 효율적일 수도 덜 효율적일 수도 있다. 또한 실제 세계를 정확하게 예측할 수는 없기 때문에 완벽한 모델은 존재하지 않는다. 우리가 취할 수 있는 최선의 방법은 예측 모델에 질서와 구조를 부여하는 것이다.

이것은 기본적으로 자율주행차의 접근 방식이기도 하다. 자율주행 모델은 결코 일어날 수 있는 모든 일을 설명하지 못한다. 내가 가장 즐겨 언급하는 사례는 자율주행차가 도로에서 빗자루를 들고 오리를 쫓는 여성을 만났을 때다. 자율주행차는 그 자리에서 주행을 멈추고 얼어붙어버렸다. 시스템이 지금 무엇을 보고 있는지 또는 다음에 어떤 일이 일어날지에 대한 단서가 없기 때문에 자율주행차가 안전을 위해 시스템을 종료한 것이다.

퍼포먼스 마케터라면 고객의 의사결정을 도울 수 있는 사업의 핵심 지표가 무엇인지 파악하기 위해 노력한다. 이러한 의사결정의 종류는 아마도 입찰가를 얼마로 설정할지, 예산을 어느 정도로 설정할지, 어떤 키워드를 설정할지, 서로 다른 고객 세그먼트에 대해 메시지를 어떻게 차별화할지 등이 된다. 이런 질문은 PPC 머신러닝 모델이 도움을 주기에 적합하지만 어디까지나 이 모델이 적절하게 학습된다는 전제하에서만 그렇다.

교사는 머신이 아닌 퍼포먼스 마케터가 새로운 인공지능 환경에서 수행해나가야 할 3가지 역할 중 하나다. 마케터가 의사, 파일럿, 교사 등 3가지 역할 중 한 가지 이상을 수행하고 있거나 수행하게 된다면 앞으로도 이 업계에서 확고한 입지를 다질 수 있다. 이것이 새로운 디지털 광고 세계에서 마케터의 역할이라고 할 수 있다. 이제 시선을 옮겨 PPC 광고와 관련된 기업, 즉 대행사와 컨설팅 회사가 새로운 머신러닝 기반의 세계에서 어떻게 자리를 잡아나가야 할지 살펴보자.

III

디지털 광고의
새로운 정의

8 ▶

광고대행사의
가치 재정의

이 책의 2부에서는 PPC 전문가가 머신러닝에 기반한 새로운 환경에서 자신의 입지를 구축할 수 있는 새로운 기회에 초점을 맞추었다. 이제 3부에서는 대기업에서부터 프리랜서에 이르기까지 다양한 규모의 PPC 관련 기업의 포지셔닝과 관련된 내용을 다루고자 한다. 기업이 스스로 포지셔닝해야 하는 방식은 개인의 방식과 다소 차이가 있다.

광고대행사는 다양한 수준으로 자동화를 실행에 옮길 수 있으며, 그 기회 또한 여러 영역에 걸쳐 존재한다. 광고가 아닌 다른 산업의 사례를 들어보자. 사람들에게 캘리포니아에서 가장 큰 농업 관련 수출품이 무엇이냐고 물으면 대부분 사람들은 와인을 떠올리지만 실제로 수출액이 가장 큰 품목은 아몬드다. 그 이유는 아몬드가 기계를 통해 수확하기가 매우 쉽기 때문이다. 아몬드를 수확하기 위해 해야 할 일은 나무를 세게 흔들고 땅에 떨어진 아몬드를 모으는 것이 전부다. 이 과정은 현재 거의 100%에 가깝게 자동화되었다.

그러나 캘리포니아의 모든 농부가 아몬드를 재배하는 것은 아니다. 사실 지난 15년 동안 사람들의 식습관에는 극적인 변화가 있었다. 소비자들은 유기농 식품을 원하게 되었고, 캘리포니아 농부들이 생산한 양질의 농산물을 직접 구입할 수 있는 직거래 시장이 인기를 끌었다.

농부라고 해서 반드시 싼값에 대량의 농산물을 생산할 수 있는 것이 아니다. 특히 맛있는 유기농 토마토를 직접 생산하는 소규모 농부라면 규모는 작더라도 의미 있는 판로를 모색해볼 수 있다. 수고를 무릅쓰고 더 맛있고 건강하게 재배한 농산물은 아몬드와 같이 쉽게 얻을 수 있는 자동 수확 작물보다 높은 가격이 매겨져야 마땅하다.

퍼포먼스 마케팅도 이와 같다. 실리콘밸리에서는 수십억 달러 규모의 사업 기회를 찾거나 차세대 스타트업을 쫓는 사람들을 만나는 것이 어렵지 않다. 하지만 실제로는 모든 사람이 쫓는 꿈을 따르면서 치열한 경쟁을 하기보다 규모는 작지만 남다른 열정을 가진 사업을 영위하는 것이 훨씬 더 행복할 수 있다.

개인 컨설턴트든 대행사의 일원이든 마케팅 관련 사업에서도 마찬가지다. 이 책에서 지금까지 PPC 전문가들이 인공지능 시대에 부여받은 새로운 역할이 무엇이며 그에 필요한 역량을 어떻게 갖출 것인지에 대해 살펴보았다면, 이제는 광고대행사의 사업 계획과 가치 제안이 어떻게 변할 것인지를 살펴보고자 한다.

분명 개인 컨설턴트와 수천 명의 PPC 전문가가 모인 대규모 대행사 사이에는 큰 차이가 존재하겠지만, 어떤 대행사라도 기존 고객을 유지하면서 새로운 고객을 유치해야 하는 숙제를 안고 있다는 사실만큼은 변함이 없다. 중요한 문제는 수많은 대안 중에 어떤 가치 제안을 선택하고 스스로 어떻게 포지셔닝하느냐다.

어떤 수준의 자동화를 구현하든, 규모가 크든 작든, 글로벌 프랜차이즈든 부티크 대행사든 관계없이 기회는 열려 있다. PPC 마케팅은 인공지능과 머신러닝에 기반한 변화와 혁신에 영향을 받는 분야지만, 이러한 변화는 결코 두려워할 만큼의 수준은 아니다. 하지만 우리는 앞으로 벌어질 모든 일에 퍼포먼스 마케팅에 대한 머신러닝의 효과를 고려해야만 한다.

▶ 기존의 가치 제안은 이미 쇠퇴했다

솔직히 말해서, 대행사가 지금껏 지켜온 가치 제안은 이미 한물갔다. PPC 환경은 너무 빠르게 변화해서 불과 2년 전에 출시한 광고 상품이 현재는 그다지 제 역할을 하지 못하는 일도 비일비재하다.

구글 광고는 새로운 스마트 머신러닝 PPC 시스템을 구축하고 판매하는 데 큰 성과를 거두고 있다. 시스템은 '고객이 대행사와 전문가의 지원이 더는 필요 없는 게 아닌가?'라고 생각할 만큼 훌륭한 성능을 발휘하고 있다. 고객의 이러한 태도에 제대로 대응하려면 PPC 전문가로서 스스로 질문하고 훌륭한 답변을 찾아낼 수 있어야 한다.

좋든 싫든 시장은 유행어로 가득 차 있다. 불과 몇 년 전만 해도 빅데이터는 사업을 성공시키기 위해 가장 인기 있던 유행어였지만, 이제는 머신러닝과 인공지능에 그 자리를 내주었다. 이러한 트렌드는 사실 서로 관련이 있다. 머신러닝은 빅데이터 처리를 가능하게 하며, 이를 통해 PPC 마케팅에 근본적인 변화를 가져온다.

아마도 광고주가 도입하고자 하는 최신 마케팅 소프트웨어와 공급업체를 검토할 때마다 이러한 유행어를 들었을 것이다. 그리고 업계의 모든 경쟁자도 이 유행어를 사용하고 있다. 우리가 할 일은 유행하는 기술을 사용하는 방법과 정도가 어떠하든 이 기술에 익숙하게 적응하고 그것을 활용하는 것이다.

한편, 구인 광고를 자동화하는 회사 텍스티오Textio의 공동 설립자이자 CTO인 옌센 해리스Jensen Harris가 2017년 9월 패널 토론에서 언급한 내용에는 많은 지혜가 담겨 있다.

"'제품에 머신러닝이 적용되어 있다'고 말하는 것은 '우리에게도 인터넷이 있다'라고 말하는 것과 같습니다. 모든 소프트웨어에는 머신러닝이 있고 머신 인텔리전스의 측면이 있습니다."

PPC 전문가들이 이미 20년 넘게 사용해온 엑셀과 같은 소프트웨어조차도 최신 버전에는 머신러닝이 적용되어 있다. 그 때문에 스스로 '머신러닝 대행사'라고 선전해 차별화하려는 노력은 실제로 별 의미가 없다. 이제 모든 퍼포먼스 마케팅 대행사는 곧 머신러닝 대행사다. 대행사가 집중해야 할 부분은 머신러닝과 인공지능이 회사의 고유한 가치 제안에서 어떤 의미를 갖는지 명확히 하는 것이다. 실제로 대행사를 차별화하고 경쟁사보다 우위에 서게 하는 요인은 무엇인가? 머신러닝은 어디에나 있고 어떤 수준에서는 누구나 접근 가능하다. 차별화의 성패는 고객의 문제를 해결하기 위해 머신러닝을 어떻게 적용하느냐에 달려 있다.

구글의 스마트 입찰을 사용하고 있다는 의미라면 머신러닝 대행사를 표방한다고 해서 차별화되는 것은 아니다. 스마트 입찰은 강력한 머신러닝 도구지만, 구글 광고를 통해 어떤 광고주라도 무료로 사용할 수 있다. 따라서 이 기능으로 스스로 차별화하려는 대행사라면, 오히려 실제로는 충분한 역량을 갖추고 있지 않을 가능성이 높은 것으로 볼 수 있다.

대행사는 고객에게 '우리는 구글의 실시간 머신러닝 시스템을 활용해 사업 데이터를 완벽하게 알고리즘에 반영함으로써 캠페인 성과를 극대화합니다'라고 말하기를 원할 것이다. 훌륭한 대행사라면 다른 회사들이 제공할 수 있는 가치를 넘어서 자동화의 혜택을 최대한으로 누릴 수 있도록 다양한 머신러닝 도구를 목적에 맞게 활용하고 이를 통해 차별화된 가치를 제공할 수 있어야 한다.

우수한 PPC 머신러닝 시스템을 구축하는 방법에는 여러 가지가 있다. 스마트 입찰은 구글이 일반적으로 중요하다고 생각하는 여러 요소를 검토하도록 설계되었지만, 특정한 고객의 사업에는 미처 고려되지 못한 중요한 다른 요소가 존재하기도 한다. 회귀분석을 수행하는 데 '타블루Tableau'*와 같은 소프트웨어나 오픈소스 통계 소프트웨어인 'R'을 사용해 특정 요인이 성과에 미치는 영향과 그 요인과 다른 요인 사이의 상관관계를 파악할 수 있다면 스마트 입찰만을 활용했을 때보다 훨씬 더 큰 가치를 제공할 수 있다.

또한 수행한 작업에 관해 매우 구체적인 사례를 들면서 우수한 머신러닝 기능에 확신을 주는 것도 중요하다. 잠재고객이 호텔 이용자고 특정 위치에서 지정된 기간에 예약 웹사이트의 이벤트 수, 유형, 숙박료에 따라 호텔 객실을 예약할 가능성이 얼마나 되는지 분석해낼 수 있다면 대행사가 고객과의 계약을 성사시킬 가능성이 매우 높아진다.

이런 분석은 구글의 빅쿼리 머신러닝 시스템, 타블루, R, 마이크로소프트의 애저Azure, 아마존 머신러닝 시스템 등에 숙련된

---

* 비즈니스 인테리전스와 분석 소프트웨어. 2019년 기업용 CRM 선도기업인 세일즈포스가 인수했다.

전문가에 의해 이루어지기 때문에 대행사는 전문가 혹은 팀을 확보하고 있는지 점검해보아야 한다.

해당 도구를 사용하고 그 결과를 구글 광고와 통합하는 데 어떤 도구를 선택하느냐는 그다지 중요하지 않다. 도구의 기능, 도구가 다른 시스템 및 자동화와 상호작용하는 방식을 이해하는 능력, 성과를 극대화하기 위해 이 모든 것을 통합하는 경험과 역량이 대행사를 가치 있게 만든다. 바로 이것이 대행사 가치 제안의 근간이 되어야 한다.

그렇다면 가치 제안의 타당성은 어떻게 검증할 수 있을까? 머신러닝 시스템을 처음부터 구축할 필요는 없다. 그럴 수 있다면 나름의 장점이 있겠지만, 이것이 대행사를 차별화하는 유일한 방법은 아니다. 특정 캠페인에서 고려해야 할 가장 중요한 요소와 시스템 교육에 사용해야 하는 관련 데이터를 결정하는 방법을 이해하는 것이 새로운 머신러닝 환경에서 경쟁우위를 달성하는 데 무엇보다 중요하다.

머신러닝 시스템을 처음부터 새롭게 구축하는 것에 대한 대안은 캘리포니아주립대학 데이비스 경영대학원의 앤드루 하가돈 Andrew Hargadon 교수가 2003년에 쓴 『혁신은 어떻게 일어나는가?: 기업이 혁신하는 과정에 대한 놀라운 진실How Breakthroughs Happen : The Surprising Truth about How Companies Innovate』에서 소개한 '재조합을 통한 혁신'에서 찾을 수 있다.

혁신의 정의는 기본적으로 완전히 새로운 어떤 것의 출현을 전제로 한다고 생각하기 쉽지만, 진정한 혁신은 종종 기존 도구와 개념을 독특하고 흥미로운 방식으로 재조합함으로써 등장하기도 한다.

이 방식의 혁신은 현실적이면서도 실용적이다. 자외선 차단제를 판매하는 광고주를 가정해보자. 자외선 지수가 높은 날에는 사람들이 자외선 차단제를 구매할 가능성이 높을 것이고, 광고주는 구글 광고의 입찰가 시스템에 날씨 데이터를 추가하는 스크립트를 만들 수 있다.

이 두 가지 개념을 조합해 자외선 지수가 높은 날을 찾고, 그 데이터를 구글 광고의 입찰 시스템에 통합할 수 있다. 또한 자외선 지수가 지속적으로 높은 경향이 있는 호주와 뉴질랜드 같은 지역에서는 입찰가를 공격적으로 높이는 전략을 구사할 수도 있다.

여기서 알 수 있듯이 대행사가 혁신을 위해 완전히 새로운 접근 방식을 제시할 필요는 없다. 어떠한 시스템과 데이터 도구가 존재하는지, 이러한 것들로 어떤 작업이 가능한지를 파악한 다음에 흥미롭고 혁신적인 조합으로 새로운 응용 프로그램을 만드는 것이 더 현실적이고 실용적이다.

▶ 가치 기반 가격 전략

대행사가 스스로 창출하는 부가가치가 무엇인지를 파악하고, 이를 제품 가격에 반영하는 것도 중요하다. 활용 가능한 기술 중 일부는 무료이고 일부는 공급업체에 비용을 지불해야 하는데, 어느 쪽이 되었든 이러한 기술은 지속적으로 발전하면서 대행사가 고객에게 청구해야 하는 가격에 영향을 미친다.

대행사는 일반적으로 고객의 광고 계정을 관리하기 위해 광고비의 10%를 청구한다. 또한 내가 창업한 옵트마이저에서 만드는 소프트웨어와 같이 대행사를 효율적이고 효과적으로 만드는 도구와 관련해 소프트웨어 또는 SaaSSoftware-as-a-Service 라이선스 명목으로 5%를 추가 청구하는 것이 일반적이다.

이러한 기술이 더 널리 보급되고 상품화됨에 따라 라이센스 가격은 점차적으로 하락할 것이다. 이를 통해 절감한 비용을 어떻게 재투자할 것인지에 대해 대행사는 두 가지 전략을 취할 수 있다. 광고의 크리에이티브를 위해 사람 중심의 프로세스에 투자할 것인가? 아니면 몇 %의 성과 개선을 위해 자동화 도구에 투자할 것인가?

소프트웨어 라이센스에 지불하던 5%를 대행사 내부 기술팀에 투자해 자사만의 도구를 만들 수도 있다. 퍼포먼스 마케팅 분야에서 SaaS 회사를 운영하는 사람으로서 나는 이러한 모델을 분명히 선호한다. 고유 기술을 구축하면 업계에서 훨씬 더 확고한 입지를 확보할 수 있고, 기존 고객과 잠재고객에게 자사가 독자적으로 유지하고 발전시켜나갈 수 있는 업계 최고의 기술을 보유했다고 말할 수 있다.

자체적으로 기술을 구축하는 대신 외부 기술을 도입한다면, 철

저한 조사와 검증을 해야 한다. 먼저 도입하고자 하는 시스템이 누구나 별 차이 없이 활용할 수 있는 범용적인 것이 아니라, 대행사가 보유하고 있는 경험과 역량을 자동화함으로써 사업을 더욱 쉽게 확대할 수 있는 가능성을 가진 것인지 검증해야 한다. 그런 다음 시스템의 모든 기능을 최대한 활용하기 위해 수많은 노력을 기울여야 한다.

대행사의 경험과 역량에는 이러한 도구를 얼마나 효과적으로 사용할 수 있는지도 포함되며, 이를 통해 경쟁업체와 차별화되는 고유한 가치 제안이 도출된다. 솔직히 모든 대행사가 옵트마이저의 소프트웨어를 구입하고 이를 통해 동일한 방식으로 계정을 운영하고 있다면, 대행사가 만들어내고 판매하는 가치는 과연 무엇이라고 말할 수 있을까? 분명한 것은 최적의 성과를 위해 도구를 활용하고 있다는 사실 그 자체다.

옵트마이저의 소프트웨어와 같은 도구에는 대행사가 그들의 역량과 경험을 바탕으로 광고주의 계정을 더 높은 수준으로 끌어올리는 수단이 되는 맞춤형 설정이 다양하게 제공된다. 좀더 익숙한 예를 들자면 엑셀을 사용한다면 사용자는 어떤 데이터를 입력해야 하는지, 이를 어떻게 처리해야 할지 파악해야 하는데, 대행사는 엑셀을 사용한다는 사실이 아니라 이를 어떻게 활용하는지가 중요하다.

이는 옵트마이저와 같은 디지털 마케팅 분야의 기술 공급업체에도 마찬가지다. 옵트마이저는 계정을 개선하는 방법에 대한 권장 사항을 제공할 뿐만 아니라 다양한 질문을 하고 그에 따른 조치를 취함으로써 설정을 조정할 수 있는 많은 권한을 제공한다.

옵트마이저는 입찰 관리를 위한 자동화를 구축하게 함으로써 목표로 설정한 ROAS를 달성할 수 있다. 이는 광고 검색엔진에서 얻는 모든 클릭의 평균 가치를 파악함으로써 이루어진다. 이 데이터를 기반으로 다양한 세그먼트나 다양한 기기 등에 대한 올바른 입찰가를 설정하는 규칙을 만들 수 있다.

더 나아가 이익과 판촉에 대한 고객 데이터를 확보해 옵트마이저의 소프트웨어 기능을 다음 단계로 끌어올리고 이를 다시 시스템에 제공하는 것도 흥미롭고 가치 있는 작업이 된다. 이렇게 함으로써 광고비를 투자해 얻은 가치뿐 아니라 광고를 통해 판매된 제품에서 발생하는 실제 수익까지 확인할 수 있다.

대부분의 기업은 단지 매출 극대화뿐 아니라 수익성 향상을 목표로 하기에 자동화에 매우 큰 관심을 보인다. 어떤 도구를 도입하든 중요한 것은 도입 자체가 아니라 어떻게 활용하느냐에 있다.

맞춤화의 힘은 고유한 사업 지식을 어떻게 적용하느냐에서 나온다. 대행사와 전문가들은 기술의 작동에 신경쓰기보다는 올바른 질문을 던지고, 필요한 데이터를 입력하고, 어떤 결과물을 도출해야 하는지, 언제 도구의 설정을 변경해야 하는지에 관심을 쏟아야 한다. PPC 소프트웨어를 사용한다면 평범한 사용자가 되기보다 파워 유저가 되어야 한다. 이것이 고객이 대행사에 기대하는 수준이다.

▶ 승자독식

온라인 광고업계가 빠르게 변하고 있고, 기존의 가치 제안이 금세 낡아버리는 이유는 불과 얼마 전에 콤팩트디스크 형태로 판매되고 설치된 소프트웨어와는 사뭇 다르게 SaaS 제품을 기반으로 시스템이 구축되기 때문이다. 오피스 2010 버전의 엑셀이 마음에 든다면 계속 사용하는 것을 막을 도리는 없다. 제공된 콤팩트디스크를 사용하면 되고 업그레이드를 할 필요도 없다.

그러나 이처럼 익숙한 것이 최선이라는 태도는 어떤 종류의 온라인 마케팅 소프트웨어에서도 더는 유효하지 않다. 이제 모든 작업은 웹과 클라우드를 통해 이루어진다. 구글 광고는 기존 인터페이스를 제거함으로써 더는 사용할 수 없게 되었고, 새 인터페이스에서는 많은 기능이 크게 변경되었기에 사용자는 여기에 적응해야만 한다. 몇 년 전에 했던 것과 같은 방식의 작업은 유효하지 않으니 기존의 가치 제안 또한 낡은 것이 될 수밖에 없다.

이처럼 빠른 기술 발전과 완전히 새로운 접근 방식이 기존의 것을 대체하면서 승자독식 시장이 형성되고 있다. 10~15년 전에는 다수의 현지 고객을 보유한다면 성공적인 PPC 컨설턴트가 될 수 있었다. 고객을 직접 만나 그들의 요구 사항을 파악하고 이를 통해 확보한 통찰력을 성과 높은 광고로 만들어내는 방법을 개발할 수 있었기 때문이다.

2002년 구글에 입사했을 때 화상회의 시스템은 존재하지 않았다. 또 영상통화인 스카이프Skype*가 서비스를 제공하고 있었지만, 여러 사무실을 연결하거나 화면을 원활하게 공유할 수 없었기 때문에 원격으로 회의를 갖는 것은 거의 불가능했다.

지금은 뛰어난 사업용 화상회의 시스템이 존재하고 있어 특정 장소에 있다는 것은 중요하지 않게 되었다. 특히 탁월하고 차별화되는 대행사가 어딘가에 존재한다면, 전 세계 사람들이 소셜미디어에서 이 대행사를 언급하고 자신의 경험과 의견을 나눌 것이다. 이제 승자는 확실하게 선점 효과를 노릴 수 있게 되었다.

뉴욕에 거주하는 고객이 "몬태나**에서 일하는 쇼핑 광고 전문가인 커크에 대해 들어보았습니다"라고 할 수도 있다. 이 고객이 쇼핑 광고를 위해 3,000킬로미터 이상 떨어진 커크와 원격으로 공동 작업하는 것은 이제 놀라운 일이 아니다. 이것은 누구도 물리적 기반과는 무관한 글로벌 차원의 경쟁에서 자유로울 수 없음을 의미한다.

---

* 인터넷 기반 전화 서비스.
** 미국 서북부에 있는 주.

과거에는 물리적 기반을 바탕으로 다소 수준이 낮은 대행사나 컨설팅 회사가 살아남을 수도 있었다. 하지만 세상은 훨씬 가까워졌고, 이러한 이유 때문에 업계가 어떻게 변해가는지 단단히 촉을 세우고 있어야만 살아남을 수 있다.

현재 PPC 컨설팅을 할 때 수행하는 작업을 한마디로 요약하자면, 결국 동일한 키워드를 구매하려는 수백 명의 경쟁자를 이길 수 있는 방법을 찾는 것이다. 여기에 오래되고 낡은 기술은 아무런 도움이 되지 않으며, 소수의 혁신 기업만이 최신의 가장 뛰어난 기술을 사용해 승자가 된다.

혁신 기업이 어떤 곳인지는 소셜미디어를 통해 널리 알려질 것이고, 다른 국가나 지역에 있는 고객이라 할지라도 혁신 기업과 일하고 싶어 할 것이다. 이러한 변화는 비교적 최근에 이루어졌지만 그 영향은 막대하다. 근본적으로 규칙이 바뀐 게임에서 앞서 나가기 위해서는 문제를 이해하고 정면으로 대응하는 것이 중요하다.

자동화와 머신러닝이 사업에서 무엇보다 중요해질 것이며, 이에 대한 강력한 메시지를 수립해야 한다는 구글의 최근 발표는 매우 시의적절하고 정확한 것이라고 할 수 있다.

▶ 자동화할 것인가, 말 것인가?

그렇다면 무엇을 자동화하고 자동화하지 말아야 하는가? 이것에 대해 쉽게 판단할 수 있는 방법이 있다. 누군가가 해야 할 일을 적어둘 수 있다면, 아마도 그것을 자동화할 수 있다. 업워크Upwork*를 통해 이러한 종류의 단순반복적인 작업을 아웃소싱할 수도 있다. 1단계, 2단계, 3단계가 무엇인지 간단히 전달하거나 분기별 지침을 전달할 수 있고, 2단계에서 X를 찾으면 이렇게 하라든지 Y를 찾으면 그렇게 하라는 식으로 요청할 수 있다.

이때 여러분이 하는 일은 기본적으로 개발자가 '의사 코드 Pseudocode'**라고 부르는 것을 작성하는 것이다. 의사 코드는 개발자가 코드로 변환할 수 있도록 영어와 같은 자연어를 사용해 코드를 흉내낸 것이다.

이것은 실제로 코딩 경험이 없는 사람이 활용하는 컴퓨터 프로그램의 초안으로 생각하면 된다. 이를 통해 많은 작업을 자동화할 수 있으며, 기술적 배경지식이 없더라도 실제로 첫 단계를 수행할 수 있다는 장점이 있다.

이제 다음 질문은 '어떤 작업을 자동화해야 하는가?'로 귀결된다. 다음 그래픽은 자동화의 우선순위를 지정하는 방법을 보여준다.

---

* 기업과 프리랜서 전문가들을 연결하고 협업할 수 있게 하는 글로벌 프리랜서 플랫폼.

** 'Pseudo-'는 '가짜'라는 뜻. 한자로는 '疑似'로 표기한다. 엄밀히 말해 코드는 아니지만, 코드로 쉽게 변환할 수 있도록 자연어로 흉내낸 것을 뜻한다.

자동화해야 하는 요소

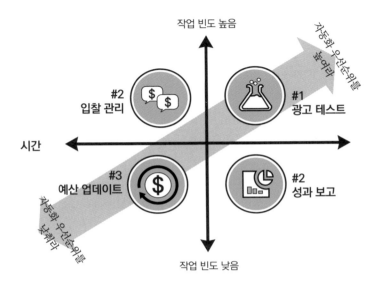

이 그래프의 세로축은 작업 빈도를, 가로축은 작업에 소요되는 시간을 나타낸다. 광고 테스트와 같이 매우 자주 수행하고 시간이 많이 걸리는 작업은 먼저 자동화해야 한다. 성과 보고와 같이 시간이 많이 걸리지만 자주 수행하지 않는 작업은 그 다음으로 자동화해야 한다. 구글 광고에는 이미 자동화된 입찰가 관리 기능이 제공되고 있으며, 이는 무엇보다도 신속하고 빈번하게 수행되는 작업이다. 예산 업데이트와 같이 자주 사용하지는 않지만, 신속하게 수행할 수 있는 작업은 마지막에 자동화를 고려해야 하는 항목이다. 시간과 자원이 허락할 때만 자동화한다.

인간이 머신보다 잘할 수 있는 광고 문안 작성과 같은 창의적인 것은 자동화의 대상이 아니다. 머신에 창의적인 작업을 수행하게 하면 차별화되지 않는 결과물이 반복적으로 도출될 가능성이 높다. 그렇지만 전체 작업을 단계별 혹은 요소별로 세분화해 들여다본다면 창의적인 분야에도 자동화할 수 있는 여지는 존재한다.

프로세스의 첫 번째 단계는 필요한 데이터를 가져오는 것이고, 두 번째 단계는 이를 분석하는 것이다. 예를 들어, 광고 문안을 A/B 테스트해 승자와 패자를 찾은 다음에 패자를 제거하고 승자를 새 광고 문안 작성의 기초로 사용하는 것을 자동화할 수 있다. 실제로 자동화할 수 없는 작업은 단 하나뿐인데, 이는 제안된 광고 문안을 기초로 다양한 형태의 변형된 문안을 추가로 만드는 것이다.

이처럼 작업을 완전히 자동화할 수는 없더라도 작업을 세분화함으로써 자동화할 수 있는 여지를 찾아낸다면 이를 통해 시간을 절약하고 PPC 전문가가 머신보다 잘할 수 있는 영역에 집중할 수 있다.

▶ 필수적 보완재

구글의 수석 이코노미스트인 할 배리언Hal Varian*은 커리어를

---

* 세계적인 미시경제학자로 정보경제학의 대가다. 그가 동료 경제학자인 칼 샤피로(Carl Shapiro)와 함께 저술한 『정보시대의 규칙Information Rules』(1998)은 인터넷 기반의 네트워크 경제에 대한 탁월한 분석을 바탕으로 인터넷 기업들에 혁신적 전략을 제시한 명저로 꼽는다. 구글의 수석 이코노미스트로 영입되어 검색광고의 PPC 모델을 수립하는 데 결정적인 기여를 했다.

시작하는 사람들에게 다음과 같은 조언을 남겼다.

"저렴한 가격으로 풍부하게 공급될 무언가에 없어서는 안 될 보완재적 존재가 되십시오."

이것은 개인뿐 아니라 기업을 위한 훌륭한 조언이기도 하다. 문제는 구글이 그렇게 저렴하고 풍부하게 공급할 스마트 시스템을 어떻게 보완할 것인가 하는 점이다. 입찰가 관리는 구글 광고에서 기본적으로 제공되고 있으며, 이 새로운 기술을 활용하는 데는 추가적인 비용이 들지 않는다. 이런 상황에서 대행사는 스마트 입찰을 어떻게 보완할 수 있을까?

구글이 이미 잘하고 있는 일을 살펴본 다음 고객이 더 높은 수준으로 발전할 수 있는 방법을 파악하도록 도와주면 된다. 시스템은 자동화되어 있지만, 머신이 무엇을 살펴보고 있으며 무엇을 놓치고 있을까? 머신이 누락한 데이터를 어떻게 추가할 수 있을까? 시스템이 고객의 사업 요구에 더 잘 대응할 수 있게 하려면, 설정을 어떻게 조정할 수 있을까? 이런 질문들을 던지고 그 답을 찾음으로써 대행사는 고객이 더 높은 수준으로 발전할 수 있도록 도울 수 있다.

이런 일이 발생한 분야의 좋은 사례는 바로 '분석 도구'다. 나는 샌디에이고에 기반을 둔 회사 어친을 인수한 구글 팀의 일원이었으며, 어친은 머지않아 구글 애널리틱스로 이름을 바꿨다. 구글이 구글 애널리틱스를 무료로 제공했을 때, 많은 사람이 이 조치로 인해 분석 도구와 관련된 산업을 괴사시킬지도 모른다며 두려

위했다. 분석 소프트웨어와 관련된 공급업체와 컨설턴트 등 관련 업계의 종사자들이 큰 위협을 느꼈다.

하지만 우려와는 달리 실제로는 구글이 분석 도구를 저렴하면서도 풍부하게 보급한 덕분으로 훨씬 더 많은 기업과 고객이 분석에 관심을 기울이고 투자할 가치를 느꼈다. 결과적으로 구글의 이러한 조치는 분석 산업 전체에 큰 도움이 되었다. 분석 소프트웨어에 투자할 의향이 없었던 기업은 이제 분석 소프트웨어가 얼마나 중요한지 알게 되었고, 분석 전문가를 고용해 도움을 받아야 할 필요성도 느낀 것이다.

이는 가장 기본적인 입찰가 관리를 포함한 구글의 스마트 시스템도 마찬가지다. 구글 스마트 입찰은 CPA를 최대 CPC로 변환하는 작업을 자동화했다. 그렇다고 해서 해야 할 일이 모두 사라졌다는 의미는 아니다. 대행사는 이러한 자동화 시스템을 고객의 사업 목표 달성에 가장 잘 활용할 수 있는 방법을 찾아 가치를 더할 수 있다.

▶ 상호 균형

대행사가 인공지능과 경쟁하기보다는 이를 잘 활용하려 한다면, 합리적으로 균형을 유지하는 방법을 배워야 한다. 나는 많은 광고주가 이러한 상호 균형을 유지하는 데 서툴다고 말하는 구글의 경험 많은 제품 관리자와 여러 차례 대화를 나눈 바 있다.

광고주는 광고에 게재되는 검색어를 보고 "이봐요 구글, 당신들은 내가 하는 일과 관련이 없어 보이는 5건의 검색에 내 광고를 게재했군요"라고 불평할 수 있다. 그런 다음 광고주는 혼란스러운 나머지 키워드 유형을 확장 검색에서 일치 검색으로 변경하는 어리석은 행동을 한다.

그러나 광고주에게 "이렇게 관련 없는 노출에 대해 얼마나 많은 클릭이 발생했으며 비용이 얼마나 들었습니까?"라고 묻는다면, 대부분 "글쎄, 실제로는 0입니다"라는 대답이 돌아온다. 요점은 광고주가 성과가 없는 노출에 대해 과도하게 반응할 필요가 없다는 것이다.

구글의 스마트 입찰은 목표 CPA 입찰을 사용할 때 일부 노출이 예상 클릭 또는 전환을 유도하지 못하면 이를 빠르게 파악하고 학습한다. 곧이어 입찰가 조정이 이루어지고 성과가 낮은 노출수가 줄어든다. 이 과정에서 약간의 낭비가 있을 수는 있지만, 광고주와 대행사는 더 많은 제외 키워드를 찾기 위해 쿼리 보고서Query Report에 수동으로 3시간을 투자할 가치가 있는지는 자문해보아야 한다. 사람이 수행한 3시간의 일이 이를 통해 절약한 5달러보다 가치가 있을까?

답은 명확하다. 시간을 더 잘 활용하는 방법은 성과가 특정 수준 이하로 떨어질 때 신호를 보내고 파일럿으로서 신호를 주시하고 필요에 따라 조치가 이루어지도록 자동화된 모니터링 시스템을 설정하는 것이다.

대행사가 이런 상호 균형의 근거를 고객에게 설명하는 것은 매우 중요하다. 성과가 낮은 모든 노출을 억제하려고 시도하는 것은 불필요한 비용을 지출하고 비효율적인 일이 될 수 있다는 사실을 고객에게 이해시켜야 한다. 물론 고객은 비합리적이고 필요 이상으로 민감한 반응을 보일 수 있다. 이때 PPC 전문가가 수행해야 할 의사 역할은 고객이 비용·보상 방정식이 무엇인지 이해하도록 돕는 것이다.

고객은 향후 6개월 동안 한 달에 20시간씩 계정을 관리하도록 대행사를 고용했을 수 있다. 고객은 과연 대행사가 성과가 낮은 100개의 검색어에 무슨 일이 일어나고 있는지 조사하는 데 20시간을 소비하기를 원할까, 아니면 그보다 생산적이고 의미 있는 일을 하기를 원할까? 이 지점에서 대행사는 고객에게 시간과 돈을 더 잘 사용하는 방법이 무엇인지 설명해야 한다. 그것이 바로 머신이 잘할 수 있는 일은 머신에 맡기고, 대행사는 사람 중심의 전통적인 마케팅에 집중하는 것이다.

9 ▶

기본의 중요성

나는 10세 때부터 사진을 찍어왔다. 당시는 필름을 사용하던 시절이고 사진을 촬영하려면 8달러 정도 하는 필름을 사야 했다. 지금의 화폐 가치로 따지면 훨씬 더 비쌀 것이다. 필름으로 며칠 또는 몇 주 동안 사진을 촬영한 다음 현상을 하려면 추가로 25달러 정도를 내야 했다.

이렇게 사진 촬영에 드는 비용이 너무나 비쌌기 때문에 수준이 낮은 사진은 찍을래야 찍을 수가 없었다. 그 비용을 치르고 시행착오를 겪을 여유가 없으니 구도 잡는 법이나 올바른 노출 설정법과 같은 사진의 기초를 철저히 배우고 익혀야만 했다.

닷컴 버블의 충격이 휩쓸고 간 후 나는 결혼식과 행사 전문 사진작가로 활동했다. 디지털카메라가 막 출시된 시점이어서 비싸기는 했지만, 디지털카메라를 구입했다. 얼마 지나지 않아 나는 베이 에어리어Bay Area*에서 유일한 디지털 웨딩 사진작가가 되었다.

나는 잠재고객에게 "저는 디지털카메라를 보유하고 있습니다. 필름에 돈을 쓸 필요가 없기 때문에 결혼식을 저렴하게 촬영한 다음에 원하는 대로 사용할 수 있도록 사진을 디지털 파일로 제공해드릴 수 있습니다. 비용은 기존의 웨딩 사진보다 훨씬 저렴합니다"라고 설득했다.

지금은 대부분의 사진이 스마트폰으로 촬영된다. 필름 시대와는 달리 마음껏 찍을 수 있고, 원하는 사진을 얻고 나면 필요 없는 사진을 언제든 삭제한다. 이런 활동에 필요한 비용은 '0'이다. 구글의 최신 픽셀Pixel 스마트폰은 셔터를 누르면 수백 장의 사진을 찍고, 인공지능을 사용해 자동으로 최적의 프레임을 추천한다. 인간을 위해 필터링을 수행하고 있는 것이다.

따라서 대부분 사람들은 사진의 기본을 알 필요가 없다. 적절한 조명을 설정하는 방법이나 피사계 심도depth of field를 사용해 흐린 배경 효과를 만드는 방법을 공부할 필요가 없다. 이러한 기능은 스마트폰 카메라에 이미 내장되어 있다.

하지만 이런 형태의 접근 방식은 내가 디지털 웨딩 사진작가였을 때는 효과가 없었을 것이며, 지금도 대부분의 전문 사진작

---

* 미국 샌프란시스코와 오클랜드, 그 위성 도시를 포함한 샌프란시스코만의 해안 지역을 아우르는 광역도시권. 구글, 애플, 페이스북 등 주요 IT 기업들의 본사가 있는 실리콘밸리를 포함한다.

가에게는 효과가 없다. 물론 수백 장의 사진을 찍고 99%를 지울 수 있다. 그러나 반지를 교환하는 순간에 신랑과 신부의 동작과 감정을 모두 드러낼 수 있는 구도를 확보해 사진을 찍지 않았다면 좋은 결과물을 얻을 수 없다. 임의로 수많은 사진을 촬영할 수 있다고 해서, 가장 중요한 요소가 저절로 찾아지는 것은 아니다.

▶ PPC의 기본

PPC 광고에도 기본이 여전히 중요하다. 디지털 자동화가 발전해도 실험과 관찰 접근법은 PPC 마케팅에 좋지 않은 방법이다. PPC 광고 계정으로 실험을 제안하는 것은 고객의 돈을 낭비하는 것이다. PPC 전문가라면 많은 일을 하지 않고도 올바른 결과를 빠르게 얻을 수 있도록 최신 도구를 활용하는 방법을 알아야 한다. 전문 사진작가는 대부분 인공지능 기반의 구글 카메라를 사용하는 사람보다 좋은 사진을 찍는다. 전문가는 여전히 전문가다.

구글에서 제공하는 입찰 전략 중 하나는 목표 CPA 방식이다. 새 계정 관리자를 고용하고 고객이 CPA 목표를 25달러로 설정했다고 하자. 구글이 경매에서 사용하는 CPC 입찰가 설정을 위해 시스템이 고객의 사업 목표를 어떻게 처리하는지 실제로 알고 있는가?(궁금해하는 분들께 답을 알려드리자면, 'CPC 입찰가=예상 CVR×목표 CPA'이다.) PPC의 기본을 모르면 예상되는 전환율의 변화가 해당 기간 경매에 미치는 영향을 파악하지 못하고, 결국 고객은 경쟁사의 위협에 취약해진다.

통합적인 머신러닝 시스템에 관해 다양한 발표가 있지만, 구글조차 이벤트를 예상해 CPA 목표를 조정할 것을 권장하기 때문에 기본 지식이 얼마나 중요한지 알 수 있다. 머신러닝 입찰 시스템은 과거 데이터를 기반으로 학습했으며, 소비자 행동 변화를 인식하는 데에는 시간이 걸린다.

전자상거래 고객이 이번 주말에 올해 가장 큰 매출을 올릴 것으로 가정해보자. 판매 기간 중 전환율은 평소보다 훨씬 더 높을 것이다. 그러나 지금까지 살펴본 것처럼 구글 머신러닝이 이를 파악하는 데 시간이 걸릴 수 있다. 시스템이 무언가 변경되었음을 인식할 때는 판매가 종료되어 이미 너무 늦어버릴 가능성이 높다.

대행사가 모든 계정 관리자에게 자신의 PPC 기본 사항을 최신 상태로 유지하도록 하는 강력한 프로세스를 갖고 있다면, 캠페인을 성공적으로 운영하기 위해 상황별로 해야 할 일을 정확히 파악할 수 있다. 머신이 인간과 협력해 자동 입찰 시스템상에서 예상되는 전환율 증가를 더 높은 타깃 CPA로 변환할 수 있다면 최상의 결과를 얻는다.

자동화는 점점 더 증가할 것이다. 그러나 이것이 시스템 작동 방식을 이해할 필요가 없음을 의미하지는 않는다. 이 문제를 좀 더 폭넓게 생각해보면 "덧셈을 배우기 위해 왜 학교에 가야 해? 이제 우리 모두가 계산기를 갖고 있는데 말야"라고 말하는 것과 같다. 스마트폰에 내장된 음성 인식 기능에 묻거나 "알렉사, 5 더하기 7은 뭐야?"라고 묻고 답을 얻는 것은 쉽다. 그렇지만 스스로 정답에 도달하는 방법을 배워야 하는 이유는 분명하다.

농산물 시장에서 상추와 오이를 사러 갔다가 5달러 더하기 7달러가 14달러라고 계산했다면 2달러를 날리게 된다. 마케팅에서 머신의 도움없이 기본적인 덧셈을 할 수 없다면, 2달러보다 훨씬 큰 돈을 잃게 될 것이다.

반드시 기본을 이해해야 하는 이유다. 각각의 조각이 서로 어떻게 맞춰지고 영향을 미치는지 이해하지 못한다면, 조금이라도 예상을 벗어나는 일을 해야 할 때마다 난처한 상황에 처하기 때문이다. 경로를 수정해야 할 때 자동항법장치에만 의존하는 것은 위험하다. 전문가라면 통제권을 장악할 수 있는 진정한 파일럿이 되어야 한다.

▶ 세부적인 타깃팅

디지털 마케팅의 중요성이 증가함에 따라 모든 것이 더 정량화定量化되고 있다. 정량화는 세분화된 타깃팅을 가능하게 하며, 매우 구체적이고 창의적인 메시지에 대한 요구를 불러일으킨다.

초기에 PPC 광고는 사용자가 검색한 키워드와 같은 제한된 타깃팅 기능을 기반으로 대중 마케팅에 활용되었다. 이와 관련된 모든 결정은 평균에 기초해 이루어졌다. '꽃 구입'과 같은 키워드에 대한 검색은 매일 수십만 건에 달하는데도, 개별 사용자에 대해 아는 게 전혀 없었기 때문에 기본적으로 모든 검색을 타깃 팅하는 단 하나의 광고를 실행할 수밖에 없었다. 또한 각 클릭이 판매로 이어질 가능성이 엄청나게 다양하지만, 모든 검색에 대해 하나의 입찰가를 적용할 수밖에 없었다.

이제 구글 광고의 변화를 이해하고 잠재고객 타깃팅이 키워드 와 함께 작동하는 방식과 같은 최신 기본 사항을 이해했다면 차 별화가 가능하다. 이 사람들이 이전에 광고주 웹사이트를 방문 했는지 알고 있다고 하자. 그렇다면 이들은 기존 고객인가? 자주 구매하는 고가치 고객인가, 아니면 어버이날에만 구매하는 일시 적 고객인가? 성별, 나이, 가구 소득과 같은 사용자의 인구통계 학적 요소를 알 수도 있다. 또한 경우에 따라 사용자에게 어떤 중 요한 일이 발생할지 파악할 수도 있다. 아마도 한 여성 고객은 결 혼을 앞두고 있을 수 있다. 이때 비싼 결혼식용 꽃을 판매하기 위 해서는 결혼식에서 꽃이 얼마나 아름답고 가치 있는지에 관한 메 시지를 담아야 한다.

이 모든 것을 알면 모든 사람에게 단일한 메시지를 전달하지 않게 된다. 텔레비전 광고를 제작한다면 제작과 광고 집행에 큰 비용이 들 것이고, 경우에 따라서는 광고 제작에만 수억 달러 이 상을 쓸 수도 있다. 이러한 경우 가능한 한 많은 사람에게 공감 할 수 있는 메시지를 보내야 했다. 하지만 PPC 마케팅에서는 그 렇지 않다.

초창기에도 온라인 광고는 키워드나 광고 위치에 따라 훨씬 더 구체적인 메시지가 필요했다. 이제 우리에게는 더 많은 창의성이 필요하다. 과거에는 몇 개의 광고만으로도 성공할 수 있었지만, 타깃팅이 발전하면서 이러한 접근은 유효하지 않다.

옵트마이저의 소프트웨어 검수 도구에는 모든 광고에서 동일한 헤드라인이나 클릭 유도 광고 문안을 얼마나 자주 반복하는지 알려주는 기능이 있다. 이를 통해 많은 광고주가 똑같은 광고 문안의 구성 요소를 반복적으로 사용하는 것을 확인할 수 있다. 이것이 철저히 테스트되고 실적이 우수한 광고 문안일 수도 있지만, 대부분 대행사는 단일 광고에서 특정 고객 그룹을 위해 맞춤형 광고 문안을 작성하기보다는 하나의 광고 문안을 모든 고객 그룹에 적용한다. 현실이 이렇다는 것은 거꾸로 오늘날의 광고주들에게 아직 좋은 기회가 열려 있음을 의미한다고 볼 수 있다.

열쇠 수리공이 가장 가치 높은 고객을 찾는다고 가정해보자. 누군가가 자신의 자동차 열쇠를 잃어버렸다면, 아마도 꽤 높은 금액을 지불하고서라도 빨리 자동차를 열고 싶어 할 것이다. 열쇠 수리공은 아이폰에서 '잠긴 자동차를 열어주는 서비스'라는 키워드를 검색한 사람들에게 광고를 타깃팅했다. 아이폰 사용자를 타깃팅한 이유는 그들의 가처분소득이 일반적으로 더 높기 때문이다.

또한 그는 자동차 도난이 자주 발생하는 동네에서 이루어진 검색에 대한 응답으로 광고를 실행하기로 결정했다. 열쇠 수리공은 도난 사고가 빈번하게 발생하는 동네에서 소비 능력이 있는 사람들을 타깃팅한 셈이었다. 이 광고주가 한 일을 도덕적으로 옹호하는 것은 아니지만, 곤란한 상황에 있는 사람들을 파악하고 그들에게 맞춤형 광고를 게재했기 때문에 엄격하게 정의된 마이크로 세그먼트를 타깃팅하는 데 매우 창의적인 사례를 보여주었다.

이제 머신러닝을 적용함으로써 사전에 입력한 기준을 기반으로 하거나 간과할 수 있었던 데이터 패턴을 인식해 다양한 마이크로 세그먼트를 찾아낼 수 있다. 그런 다음 대행사는 각 세그먼트의 잠재고객에게 테스트할 수 있는 충분한 양의 광고 문안을 시스템에 제공했는지 확인해야 한다.

다양한 광고 문안을 테스트하고 각 세그먼트를 실시간으로 분석하고 대응하는 것이 새로운 현실이다. 항공편 예약을 위해 검색하는 사용자를 생각해보자. 반응을 불러일으킬 수 있는 두세 가지 요인이 있다. 어떤 사용자는 가장 저렴한 요금을 찾고, 또 다른 사용자는 가장 빠른 항공편을 찾고 있을 수 있다. 세 번째 사용자는 국제선 비행기를 타면서 가장 안락한 비즈니스 클래스 좌석을 찾을 수 있다.

이제 합리적으로 정의된 세 가지 사용자 세그먼트를 파악했다면, 각 세그먼트에서 반응을 불러일으킬 수 있는 가치 제안을 광고에 넣어야 한다. 그러나 각 세그먼트에 어떤 사용자가 검색하는지 파악할 필요는 없다. 그것은 머신러닝이 수행할 일이다. 시스템에 각 사용자 유형과 연결될 수 있는 콘텐츠(글, 사진, 동영상 등)를 제공했는지 확인하기만 하면 된다.

▶   마케팅 믹스의 여섯 번째 P : 심리

2018년 6월 구글은 '스마트 쇼핑'을 발표했다. 이제 검색, 디스플레이, 유튜브 동영상을 각각 타깃팅하는 별도의 캠페인을 만들 필요가 없어졌다. 다양한 구성 요소로 단일 캠페인을 작성하면, 스마트 쇼핑 시스템이 광고를 언제 어디에 게재할지 파악한다. 시스템은 특정 제품이 해결할 수 있는 어떤 문제 상황과 관련된 유튜브 동영상 옆에 그 제품의 광고를 게재하는 식이다.

다시 말해 구글은 제품Product, 가격Price, 위치Place, 판매촉진 Promotion, 사람People 등 기존 마케팅 믹스의 '5가지 P' 중 하나인 '위치'를 처리하고 있다. 이를 통해 제품이나 가격과 같은 중요한 마케팅 요소에 집중할 시간을 확보하게 했다. 위치를 걱정할 시간에 경쟁사 제품보다 우위를 점할 수 있는 심층적인 경쟁 분석에 더 많은 시간을 할애할 수 있게 되었다는 뜻이다.

광고의 창의적인 측면은 제품이나 서비스의 가치 제안을 클릭 유도 광고 문안과 일치시키는 것이라고 할 수 있다. 강력한 클릭 유도 광고 문안으로 사용자의 눈길을 끌 수 있지만, 제품과 사용자를 연결하고 나아가 사용자가 공감하기에 충분한 가치를 제안하지 못한다면 소기의 목적을 달성하기는 요원하다. 사람들은 가치 제안이 자신의 가치, 욕구, 니즈와 일치할 때에만 구매와 같은 행위를 고려한다. 무릇 가치 제안은 소비자가 원하는 것과 관련성을 맺고 있어야 하며, 믿을 수 있는 것이라야 한다.

서로 다른 맥락에서 관련성 있는 변화가 무엇인지 이해하기 위해서는 심리적인 측면을 고려해야 한다. 기업에는 광고를 통해 그들에게 필요한 어떤 해결책을 제시해야 하고, 개인에게는 욕구 또는 라이프스타일에 부합하는 무언가를 제공하는 것이 일반적이다. 이 과정에서 광고 문안은 다양한 잠재고객 세그먼트와 관련성을 맺는 계기가 된다. 제품이나 서비스가 사용자에게 그것 없이는 단 하루도 살 수 없을 만한 욕구를 충족시켜주는지, 아니면 처음으로 구입하거나 경험해보는 무언가에 대한 욕구를 충족시키는지에 따라 광고 문안은 다르게 작성되어야 한다.

사용자의 심리를 너무 깊이 파고들 필요는 없지만, 고객에 대한 인구통계학적·심리적 측면의 이해가 깊을수록 더 흥미롭고 적절한 광고 문안을 개발할 수 있다. 그동안 기업은 가능한 한 많은 소비자와 연결되기를 막연하게 기대하면서 제품이나 서비스를 출시해왔지만, 새롭게 변화하는 사업 환경에서는 이런 낙관적인 접근이 유효하지 않다.

지금은 구독 모델이 비즈니스 트렌드다. 자동차 제조업체들은 자동차 가입 서비스와 리스를 동시에 제공한다. 제니는 스키를 좋아한다. 시즌이 되면 산악지대에 있는 스키 리조트를 찾아가기 위해 SUV를 탄다. 눈이 녹고 시즌이 끝나면 겨울에 탔던 SUV를 세단으로 바꾼다. 이어서 햇살이 좋은 6월이 되면 세단을 컨

버터블과 교환한다. 반면에 친환경주의자인 지미는 연료비를 절약하고 연료 배출을 줄이기 위해 항상 연료 효율이 가장 높은 자동차를 탄다. 연료 효율이 더 높은 모델이 출시될 때마다 자동차를 교환한다.

이처럼 고객 세그먼트와 패턴을 이해하면 기업은 소비자의 요구에 더 잘 맞는 제품을 만들 수 있다. 또한 소비자를 움직이는 심리학의 기본을 잘 이해할수록 더 적합한 메시지를 개발할 수 있다. 아직 완벽하지는 않더라도 마이크로 세그먼트를 고려했을 때, 과거보다 훨씬 더 고객과의 커뮤니케이션이 수월해졌다.

특정 업종과 관련된 검색량을 확인할 수 있는 구글 트렌드는 사람들이 자동차를 검색할 때, 안전·연비·성능 등 자동차의 다양한 요소에 대해 각각 얼마나 관심을 보이는지에 관한 데이터를 제공한다. 예를 들어, 유가가 오르자 연비에 대한 검색량이 가장 높게 나타난다.

그러나 이를 제외하고 대부분 안전과 관련된 검색량이 늘 높게 나타난다. 이러한 트렌드에 따라 자동차 제조업체는 언제 연비에 초점을 맞추어 마케팅해야 하는지를 알게 된다. 그러나 유가가 비싸더라도 연비가 모든 운전자에게 가장 중요한 요소가 되는 것은 아니다. 특정 고객에게 연비의 중요성은 자동차 가격과 같은 다른 요인과도 관련이 있을 수 있다.

중요한 것은 판매하려는 대상을 더 깊이 이해하고 생각할 수 있다는 사실이다. 어떤 메시지가 특정 유형의 고객 심리에 잘 호소할 수 있을까? 과거에는 어떤 사람이 어떤 세그먼트에 적합한지 파악하는 것이 어려웠다. 하지만 지금의 머신러닝은 올바른 메시지를 올바른 사용자와 일치시키는 데 탁월한 능력을 보여준다.

이와 관련된 전형적인 사례는 구글 사용자의 생애 주기상 이벤트로 타깃팅한 것이다. 결혼을 앞두고 있거나 대학을 방금 졸업한 사람을 타깃팅하는 것이 쉬울 것이라 생각할 수 있다. 사실, 결혼을 앞둔 사람은 아마도 웨딩 케이크, 웨딩 플로리스트 등을 검색할 것이기 때문에 그다지 어렵지 않게 이벤트를 파악할 수 있다. 그러나 전 세계 시장에서 사업을 하는 상황에서는 문화적 측면을 고려해야만 한다. 인도의 결혼식 전통은 미국과 아주 다르다. 영국 결혼식조차도 미국과 다르며 차이점이 용어에 반영되어 키워드와 기타 검색어에 영향을 미친다.

머신러닝은 많은 양의 데이터에서 패턴을 찾는 데 정말 효과적일까? 누가 꽃을 구매하려고 하는지, 누가 결혼을 앞두고 있는지 추론해낼 수 있을까? 머신러닝 시스템은 이러한 사람들을 식별해 서로 다른 고객군으로 분류할 수 있다. 광고주가 꽃집이고 광고를 클릭하는 사용자가 결혼을 앞두었다면 메시지는 다음과 같은 제안을 담는 것이 적절할 것이다. "우리는 다양하고 충분한 양의 꽃을 보유하고 있어 결혼식과 같은 큰 행사를 멋지게 장식할 수 있습니다." 사용자가 결혼할 예정이 아니라면 합리적인 가격의 꽃다발을 얼마나 빨리 배달할 수 있는지에 관한 메시지를 담아야 한다.

▶ 패턴 인식

사람도 패턴을 찾아낼 수 있지만, 머신러닝 시스템처럼 세분화된 패턴을 찾아내는 것은 거의 불가능에 가깝거나 엄청나게 많은 시간이 필요하다. 전문가의 귀중한 시간을 다른 곳에 더 생산적으로 쓰려면 패턴 인식과 정량화 문제는 머신러닝 시스템에 맡기는 것이 더 저렴하고 효과적이다.

대행사는 이 모든 정량화, 패턴 인식, 통계 분석이 대부분의 고객에게 블랙박스와 같다는 점을 이해하고 있어야 한다. 따라서 이러한 작업과 그 결과에 대해 신뢰를 얻는 것이 중요하다. 대행사도 처음으로 머신러닝 시스템을 도입하고 활용하면 광고주만큼이나 어둠 속에 서 있는 느낌을 받는다. 하지만 경험이 쌓일수록 시스템과 결과에 대한 확신도 커진다. 대행사는 의사 역할을 하며 고객에게 이렇게 설득해야 한다.

"머신러닝이 세분화를 수행하는 구체적인 방법과 논리를 전부 이해하고 설명할 수는 없습니다. 하지만 이를 통해 바라던 결론에 도달하고 올바른 입찰가를 파악할 수 있다는 사실은 분명합니다. 이미 우리는 이 시스템을 동일한 분야에서 같은 종류의 문제를 가진 다른 고객에게 적용한 바 있으며 올바른 결론에 이르렀습니다. 성과는 아주 훌륭했죠. 이것이 바로 이 방식을 권하는 이유입니다."

이는 기본적으로 개별 기술 수준에서 모든 것을 세세하게 지적할 필요없이 머신러닝 시스템이 수행하는 작업 전체의 관점에서 설명하는 올바른 접근이다.

옵트마이저의 소프트웨어는 머신러닝을 사용해 지역별 입찰가를 추천한다. 그러나 동일한 데이터 집합에서 동일한 머신러닝 모델을 연속으로 두 번 실행하면, 결과가 약간의 차이를 보일 수도 있다. 고객은 때때로 이 문제를 확인하고 "한 번은 입찰가를 7% 인상하라고 하고, 다음 번에는 입찰가를 8% 올려야 한다고 추천하는 이유는 무엇입니까?"라고 물을 수 있다.

머신러닝에서는 결정을 내리기 위해 엄격하게 강제 코딩된 경로가 존재하지 않는다. 수행해야 할 분석의 양을 고려할 때 어떤 시점에서 7.51이라는 결론을 도출한 이유와 그다음 번에는 7.49를 도출한 이유를 밝히는 것은 매우 어렵거나 거의 불가능하다.

구글은 입찰가 조정을 1단위로만 허용하기 때문에 반올림할 때 사용자에게 표시되는 첫 번째 값은 8이고 두 번째 값은 7이다. 중요한 것은 이 두 값이 매우 가깝고, 이를 통해 모델이 얼마나 신뢰할 만한지를 판단한다는 점이다. 시스템이 한 번은 7%, 그다음 번에는 15%라는 값을 도출한다면 이 모델을 신뢰하기는 어렵다.

다음과 같은 질문이 있을 수도 있다. "시스템이 이 답변을 어떻게 도출했는지 설명할 수 없다면, 이것이 올바른 답변인지 어떻게 알 수 있습니까?" 방대한 양의 데이터에서 패턴을 파악하는 것은 머신러닝을 통해 가능하다. 대행사가 사용하는 머신러닝 모델의 종류가 무엇이며 그 모델이 추론과 예측을 위해 어떤 요소를 고려했는지 설명할 수 있다면, 고객은 모델을 더욱 신뢰하게 된다. 또한 모델을 통해 좋은 성과를 얻은 사례를 바탕으로 다른 고객이 같은 프로세스를 따르도록 설득할 수도 있다.

▶ **문제해결**

기본으로 돌아가서 달성하려는 목표가 무엇인지 스스로 묻고 답해야 한다. 마케팅 분야에서는 제품 판매를 목표로 삼는 것이 일반적이다. 그러나 애드워즈 시스템에서 목표는 그보다 구체적으로 어떤 문제를 해결하거나 사업적 필요를 채우는 것이었다.

퍼포먼스 광고에서는 사람들이 행복한 표정으로 맥주를 마시는 것을 보고 '저도 맥주를 사야겠어요'라고 생각하게 만드는 라이프스타일 광고가 거의 없다. 그보다는 '우리는 셋째 아이를 갖게 될 것이므로 더 크고 안전한 차가 필요합니다'와 같은 메시지가 더 현실적이다. 물론 이때에도 안전을 생각할 때 볼보를 떠올리는 것과 같은 브랜딩 효과가 여전히 작동하지만, 소비자의 특별한 요구나 니즈에 부합하는 메시지가 더 일반적이다.

퍼포먼스 마케팅 대행사는 때때로 스프레드시트, 수학, 계산 등 세부 사항에 얽매이기 쉽지만 결국 사업의 본질은 사람들의 문제를 해결하기 위해 노력하고 이를 통해 고객의 사업을 성장시키는 것임을 잊지 말아야 한다. 제품이나 서비스에 만족하는 고객은 높은 충성도를 갖게 되고 결국 단골 고객이 된다.

단골 고객을 확보할 수 있다면, 이제 고객의 생애 가치를 고려하고 광고주는 고객 확보를 위해 더 많은 비용을 투자할 수 있다. 더 높은 입찰가를 설정할 수 있으면 경매에서 경쟁력이 높아지고, 반대로 단기 판매에 집중하면 궁극적으로 광고주로서 경쟁력이 떨어질 수밖에 없다.

시스템을 미세하게 조정할수록 성능은 극대화된다. 모든 성과 분석 도구를 올바르게 설정했는지 확인해야 한다. 적절한 시기에 검토하고 조치를 취하고 변경해야 한다. 이런 종류의 기본적인 사항은 퍼포먼스 마케팅 대행사가 마땅히 구축해야 할 것들이다. 이제 초점을 약간 전환해 대행사와 직원이 머신러닝 시대에 인내하고 번영하며 성장하는 데 필요한 사항을 살펴보자.

10 ▶

최고의 팀
꾸리기

체스 게임에서 컴퓨터에 패배한 세계 챔피언 가리 카스파로프는 1997년 IBM의 딥블루Deep Blue*와 두 번째 대결을 가졌다. 사람과 컴퓨터가 효과적으로 협력하는 전략에 흥미로운 통찰력을 제공한 에릭 브린욜프슨Erik Brynjolfsson**과 앤드루 맥아피Andrew McAfee***는 이 대결을 『기계와의 경쟁』과 『제2의 기계 시대』에서 다음과 같은 결론을 내린다.

첫째, 인간이 컴퓨터의 도움을 받으면 다른 컴퓨터 플레이어를

---

* IBM이 개발한 체스 컴퓨터. 1996년 가리 카스파로프와의 첫 대국에서 승리했으나 총 전적은 4대 2로 카스파로프가 승리했다. 이어진 1997년 재대결에서는 성능이 향상된 딥블루가 카스파로프에게 승리했다.

** 미국 MIT 슬론경영대학원 교수이자 디지털비즈니스센터장을 맡고 있다.

*** 미국 MIT 슬론경영대학원 수석연구과학자로 디지털 기술이 세상을 어떻게 변화시키는지를 연구한다.

이긴다. 둘째, 인간 2명이 각각 컴퓨터의 도움을 받아 대국을 벌일 때 실력이 낮은 사람이라도 성능이 우수한 컴퓨터의 도움을 받는다면 승리한다.

카스파로프는 "딥블루와 같은 체스 전용 슈퍼 컴퓨터인 하이드라Hydra*는 성능이 낮은 컴퓨터를 활용하는 뛰어난 인간의 상대가 되지 않습니다. 컴퓨터의 전술적 예민성과 결합된 사람의 전략적 대응은 실로 압도적이었습니다"라고 말했다. 이런 결과는 머신러닝 시대의 퍼포먼스 마케팅 또는 컨설팅에 중요하고 매우 긍정적인 시사점을 제공한다.

▶ **록스타와 프로세스**

카스파로프의 요점은 인간과 머신러닝은 고유의 강점과 약점이 있으며, 이것이 함께 작업할 때 가장 효과적으로 작동한다는 것이다. 이는 또한 PPC 대행사 또는 기타 사업의 팀 구축에 대한 또 다른 통찰을 제시한다. 실리콘밸리에서는 10X라는 개념에 관한 많은 이야기가 회자되고 있다. 10X란 한 명의 훌륭한 컴퓨터 프로그래머가 작업을 수행할 때, 평균적인 프로그래머 10명만큼의 영향을 미칠 수 있으며, 10배의 성과 또는 개선을 위해서 그만큼 대담하게 구상하고 실행해야 한다는 정신을

---

* 2002년부터 2006년까지 활약한 최강의 체스 머신. 딥블루보다 뛰어난 성능을 발휘했지만, 2005년 50달러짜리 체스 소프트웨어가 탑재된 컴퓨터를 활용한 미국의 아마추어 체스 플레이어들에게 패배한 바 있다.

뜻한다.

카스파로프가 프로세스의 중요성에 대한 자신의 진술에서 암시하고 있는 것은 성공을 위해서 챔피언인 카스파로프 자신과 같은 유형의 10X 록스타로 구성된 팀이 필요하지 않다는 것이다. 팀을 구성하기 위해 슈퍼스타만 찾는 일은 정말 어렵기 때문에 그의 주장은 희망적인 메시지를 준다고 할 수 있다.

훌륭한 프로세스를 갖추는 것은 훌륭한 인재를 채용하는 것보다 어쩌면 중요하다. 이를 증명하는 좋은 사례가 바로 세계에서 가장 큰 커피 체인점 스타벅스다. 스타벅스가 큰 성공을 거둔 이유가 수많은 최고의 바리스타 덕분일까? 물론 스타벅스에는 의심할 여지없이 훌륭한 바리스타들이 근무하고 있지만, 세계 최고의 바리스타 10만 명을 고용하는 것은 불가능하다. 스타벅스를 성공적으로 만든 것은 다름 아닌 프로세스다.

더 분명한 사례는 세계에서 가장 큰 패스트푸드 체인점 맥도날드다. 맥도날드에 최고의 요리사가 있다는 이야기를 들어본 적이 있는가? 물론 아니다. 하지만 맥도날드는 놀라운 프로세스를 구축했고 햄버거를 만들기 위한 훌륭한 시스템과 기술을 보유하고 있다. 맥도날드의 햄버거가 세계 최고일까? 다시 이야기하지만, 이 글로벌 체인점의 목표는 맛있는 햄버거를 매우 빠르고 쉽게 만들어 전 세계 어디에서나 맛볼 수 있게 하는 것이고, 그 결과 매년 23억 개의 햄버거가 팔리고 있다.

마찬가지로 퍼포먼스 마케팅에서는 탁월한 기술과 안정적인 프로세스를 구축하고, 광고주가 원하는 결과를 도출할 수 있도록 교육해야 사업을 성공적으로 운영할 수 있다. 또한 특정 기술을 보유한 인력을 고용해야 하는 때도 마찬가지다.

과거에는 설정할 입찰가를 파악할 수 있는 사람이나 수학과 스프레드시트 작업에 능숙한 사람을 고용해야 했다. 이제는 구글이 입찰가 설정을 자동으로 훌륭하게 수행하므로 더는 해당 기술을 가진 사람을 고용할 필요가 없다. 그 대신 가능한 한 최상의 입찰가를 제시하기 위해 시스템에 입력해야 하는 데이터 유형을 파악하는 프로세스와 이를 이해하는 전문가가 필요하다. 또한 최종 전환 또는 판매로 이어지는 다양한 단계의 상대적 중요성을 평가하는 기여도 모델을 이해하는 전문가도 반드시 필요하다.

차별화를 위해 대행사는 신속하게 최상의 결과를 제공할 수 있는 효과적이고 효율적인 프로세스를 개발해야 한다. 프로세스란 반복 가능하고 확장이 용이하며 품질을 보증할 수 있는 일련의 작업 과정이다. 프로세스에 맞게 실행하고 지속적으로 개선할 수 있는 전문가가 필요한 이유다.

과거 마케팅 대행사는 과업이나 문제를 확인한 후, 원점에서부터 모든 것을 스스로 해결해나갈 수 있는 유형의 전문가를 찾았다. 하지만 지금은 기술과 도구의 수준이 너무 높기 때문에 이러한 도구를 활용해본 경험이 있고, 효과적으로 사용하는 방법을 아는 역량 있는 전문가를 찾는 것이 중요하다.

▶ 현재와 미래를 위한 필수 기술

PPC 대행사가 반드시 도입을 고려해야 하는 기술과 역량은 오늘날 PPC 마케팅에서 활발히 쓰이고 있는 도구에서 찾을 수 있다. 엑셀과 같은 기본적인 스프레드시트는 물론 R과 타블루 같은 분석 도구, 구글의 BQML과 옵트마이저의 소프트웨어와 같은 외부 PPC 자동화 도구를 능숙하게 사용할 수 있는 전문가가 필요하다.

마찬가지로 미래를 대비하기 위해 고용해야 하는 전문가와 그들의 역량은 머지않은 미래에 활용될 도구와 연결되어 있다. 미래를 위해 대행사의 입지를 선점하려면 직원들이 미래의 도구를 활용할 수 있는 역량을 확보하도록 지속적으로 재교육의 기회를 제공해야 한다.

동시에 직원들로 하여금 한층 더 넓은 시야를 가질 수 있게 하는 것도 중요하다. 프로세스의 한 부분을 변경하면 프로세스 전체에 어떤 영향을 미치는지, 시스템 변경이 다른 시스템에 미치는 영향은 무엇인지, 프로세스의 모든 구성 요소가 어떻게 조정되고 전체적인 궤도를 유지하는지 파악하고 대처하는 능력을 가져야 한다. 민항기 파일럿은 비행기가 이륙하기 전에 확인해야 하는 사항에 관한 체크리스트를 가지고 있다. 마찬가지로 PPC 대행사의 전문가는 세부 사항에 끊임없이 주의를 기울이며 상황을 모니터링하고 결과에 따라 문제를 파악할 수 있어야 한다.

끊임없이 변하는 시대에 살면서 언제나 최신 트렌드를 이해하고 활용하는 것은 중요하다. 2018년 10월 라이언에어 여객기가 인도네시아 자바해에 추락해 탑승자 전원이 사망한 사고가 있었다. 사고 여객기는 보잉 737 맥스 최신 기종이었는데, 센서에 오류가 발생했을 때 작동한 수동 모드에서 파일럿이 이 최신 기종이 아닌 이전 모델의 매뉴얼에 따라 대처한 것이 사고의 원인으로 밝혀졌다.

결론은 파일럿으로서 특정 항공기를 조종하고 통제하기 위해 언제나 최신 모델의 매뉴얼을 숙지해야 한다는 점이다. 구글 시스템은 자주 변경되며, 이때 시스템의 모든 구성 요소의 상호작용을 제대로 이해하지 못하면 캠페인에 중대한 영향을 미치게 된다.

의사 역할 또한 필수적이다. PPC 대행사는 마커스 웰비가 환자를 대하는 것과 같은 매너와 역량이 필요하다. 이런 역할을 맡은 사람은 훌륭한 사교 기술이 있어야 하고, 전화와 대면 회의 또는 이메일로 고객과 긍정적인 상호작용을 할 수 있어야 한다. 또한 계정 담당 매니저는 고객이 까다로운 질문을 던졌을 때 순발력 있게 대응할 수 있는 능력이 필요하다.

물론 어떤 인재를 우선적으로 확보해야 하는지는 대행사가 어떤 가치 제안을 갖고 있는지, 대행사를 어떻게 조직하는지에 따라 다르다. 대행사가 제안하는 가치와 관련된 전문가의 역할, 즉 의사, 파일럿, 교사는 무엇인가? 가치 제안을 설정했다면 이를 실현하는 데 필요한 기술은 구체화될 수 있다.

상식과는 달리, 구글 광고를 오랫동안 활용해온 전문가를 고용할 때는 주의해야 한다. 오랜 시간 접해왔지만, 기존의 방식에 익숙해진 나머지 관련 지식과 기술에 관해 지속적으로 업데이트하지 않았다면 기대하는 성과를 창출하지 못할 수 있다. 이런 사람들은 애드워즈 초창기에 수동으로 작업하던 방식에 머물러 있으며, 과거의 방식이 미래에도 잘 작동할 것이라는 그릇된 믿음을 갖고 있다.

상황은 극적으로 변하며 여전히 진화한다. 여기에 적응하기 위해 대행사와 팀은 유연해야 하며 적응력이 있어야 한다. 2년마다 변경된 게임의 법칙에 적응할 준비가 되어 있어야 하며, 지속적으로 학습하고, 새로운 기능을 따라 잡고, 필요에 따라 재교육을 해야 한다. 무릇 전문가라면 2년 전에 효과가 있었던 것이 오늘날 최선의 방법이 아닐 가능성이 높다는 사실을 인지하고 끊임없이 자신의 지식이 유효한지 의문을 제기해야 한다.

과거에는 한 직장에서 오래 근무하는 것을 높게 평가하며 이직을 부정적인 것으로 간주했다. 하지만 지금은 새로운 지식과 경험을 익힌다는 측면에서 이직을 긍정적으로 본다. 회사와 맡은 일에 제대로 적응하지 못했기 때문에 직장을 옮기려 하는 사람이라면 채용해서는 안 되겠지만, 끊임없이 변화를 찾아 도전하고 성장하는 사람이라면 오늘날 퍼포먼스 마케팅 산업에서 반드시 필요한 인재라고 할 수 있다.

▶ 채용과 교육 : 모범 사례

내 커리어를 돌이켜보면, 먼저 스탠퍼드대학에서 전기공학 전공으로 학사학위를 받았다. 하지만 내 첫 직장이었던 구글에서 광고를 검수하고 네덜란드의 고객 지원 업무를 맡았던 것은 전공과 전혀 무관했다.

구글은 전반적인 대학 과정을 잘 수행함으로써 스스로 프로세스를 따를 수 있음을 입증한 지적인 사람을 채용한다. 물론 대학에서 좋은 성적을 얻지 못하거나 심지어 대학에 다니지 않은 사람 중에서도 다양한 분야의 스타트업에서 큰 성공을 거둔 사람이 많다.

그러나 구글에서 프로세스는 조직 운영에서 핵심적인 것이었다. 전통적인 학교 교육은 기본적으로 하나의 프로세스이며, 그 과정을 이해하고 따르는 방법을 아는 사람이 좋은 성적을 받게 되어 있다. 정규교육에서 시험은 프로세스를 따를 수 있는 사람을 판단하는 또 다른 방법이다. 어떤 방법이든 회사 프로세스를 탁월하게 이행할 수 있는 사람을 판단해내는 것은 구글이든 대행사든 인재를 채용할 때 매우 중요하다.

성공을 위한 광고대행사 직원 재교육

광고대행사 직원에게 필요한 새로운 기술은 무엇일까? 일반적인 대답은 프로그래밍이다. 머신이 작업을 맡으면 사람들은 머신을 만드는 방법을 배워야 한다고 생각한다. 하지만 그건 잘못된 생각이다.

플랫폼이 인공지능을 속속 적용하는데, 추가적으로 필요한 자동화 도구를 공급하는 기업들이 계속 생기는 상황에서 대행사에 굳이 프로그래밍 팀을 둘 필요가 없다. 이제 디지털 마케팅에 필요한 새로운 직업은 프로그래머가 아니라 인사이트 브로커(통찰력 중개인)이다.

인사이트 브로커는 원인과 결과, 다양한 결과를 도출하기 위해 취해야 할 올바른 조치가 무엇인지 정확하게 이해하는 전문가이며, 고객에게 아이디어를 판매할 수 있는 전문적인 커뮤니케이터다. 또한 세계적 수준의 테스트 디자이너이기도 하다. 이러한 역할을 수행하기 위해서는 고객의 산업, 원인 분석, 마케팅 믹스 모델링, 테스트 방법론, 커뮤니케이션 전문가가 되어야 한다.

이런 역량을 보유한 전문가를 채용할 때는 역량과 태도를 두루 살펴 후보자를 평가해야 한다. 두 가지 영역에서 높은 점수를 받은 사람을 찾을 수 있다면 이상적이겠지만 결코 쉽지 않다. 설령 찾았어도 몸값이 비싸거나 높은 직위에 있을 가능성이 크다.

결국 대행사는 역량이 뛰어난 사람과 태도가 우수한 사람 중 한쪽을 선택해야 한다. 업무에 필요한 역량을 갖추었지만 태도가 적절하지 않은 사람은 높은 성과를 창출하는 대신 조직에 부정적인 영향을 미친다. 가장 좋은 방법은 훌륭한 태도를 가진 동시에 학습 능력이 뛰어난 사람을 채용하는 것이다. 이를 통해 훌륭한 인재를 채용했다면 다음은 지속적인 재교육으로 역량을 향상시키는 것이 중요하다.

직원 재교육에는 시간과 비용의 실질적인 투자가 필요하며 자가 학습, 회의, 사례 연구 등 세 가지 측면에서 고르게 이루어져야 한다. 자가 학습은 스스로 또는 소그룹으로 특정 주제를 학습할 시간을 주는 것이다. 사람들은 회의를 통해 완전히 새로운 접근 방식을 배울 수 있으며, 사례 연구는 고도로 적용 가능한 상황을 기반으로 학습할 수 있는 기회를 제공한다.

직원이 지식을 습득한 후에는 이를 동료와 신입 직원에게 전파할 수 있어야 한다. 대부분의 대행사는 이러한 조직 학습에서 서툰 경향이 있는데, 이를 위해서는 추가적인 작업이 필요하다. 직원들이 습득한 지식을 저장하고 공유함으로써 회사 전체를 학습 조직화할 수 있는 시스템을 구축하고 제공해야 한다.

제프 알렌(회장, 하나핀HANAPIN 마케팅)

구글은 상황이 빠르게 변한다는 사실을 미리 알고 있었다. 특정 시점에 구글에 합류한 사람들이 2년 뒤에 어떤 일을 하게 될지는 아무도 모르는 일이었다. 초창기 구글은 그들이 자율주행차를 개발할 것이라고 생각도 못했을 것이다. 이제 그들은 자율주행차뿐만 아니라 인간의 수명 연장을 연구하는 의료 관련 자회사도 보유하고 있다. 구글과 창업자들이 원했던 것은 현재의 프로세스를 훌륭하게 수행하는 동시에 필요에 따라 새로운 분야에 도전할 수 있는 의지와 능력이 있는 인재를 확보하는 것이었다.

이처럼 팀은 프로세스를 수행하고 실행할 수 있는 인재로 구성되어야 한다. 또 한 가지 중요한 전제는 프로세스가 제대로 작동하지 않을 때 인재들이 명확한 피드백을 제기할 수 있어야 한다는 사실이다. 그렇다고 팀원이 프로세스를 개선할 수 있는 방법에 대한 메모를 작성하는 데 많은 시간을 소비하는 것은 비생산적이고 바람직하지 않다.

팀은 여전히 프로세스의 여러 단계를 거쳐야 하고, 일이 마땅히 해야 할 방식대로 진행되고 있는지 확인해야 한다. 그중 일부는 자동화될 수 있지만, 비행기를 단 8분 동안만 직접 조종하더라도 12시간 동안 조종석을 지키는 파일럿이 여전히 필요하다. 나머지 11시간 52분 동안 파일럿은 모든 것이 제대로 작동하는지 확인하기 위해 계속 주의를 기울여야 한다. 이처럼 특정 역할을 수행하는 데 필요한 성격 유형이 있으며, 이는 팀 전체가 록스타 또는 탑건 전투기 파일럿으로 구성될 필요가 없다는 근거를 제공한다.

구글 광고 초기에는 팀 규모가 그다지 크지 않았다. 애드워즈 에디터는 제품 담당 매니저 1명의 주도하에 엔지니어 3명, 사용자 경험 디자이너 1명, 고객 기반 담당자 2명, 기술 작성자 1명으로 구성되었다. 애드워즈 에디터는 거의 모든 대형 광고주가 사용하며 연간 수십억 달러의 광고를 관리한다. 이처럼 대규모 제품이 기본적으로 하나의 작은 팀에 의해 만들어졌다는 사실이 중요하다. 대행사에는 반드시 엄청난 인력이 필요한 것이 아니라 적절한 인력으로 필요한 서비스를 제공할 수 있어야 한다.

성공적인 PPC 대행사에는 기본적인 방법론과 프로세스를 취하고 창의력을 발휘할 수 있는 사람들이 필요하다. 대행사의 기존 가치 제안은 이미 유통기한이 지났다는 점을 기억하라. 현 시점에서 훌륭한 프로세스를 갖고 있다면, 이를 지속적으로 진화 발전시켜야 한다. 팀은 현재 프로세스를 훌륭히 실행하면서 가치 제안을 더욱 발전시킬 수 있는 인재로 채워져야 한다.

마치며

이 책이 머신러닝과 인공지능, 자동화가 디지털 마케팅 세계를 어떻게 변화시키고 있는지 이해하는 데 도움이 되었으면 한다. 어느 정도 이해가 되었다면, 마케팅 업계에서 성공을 지속할 수 있도록 스스로 포지셔닝하는 자신만의 법칙을 수립할 수 있을 것이다. 무엇보다도 퍼포먼스 마케팅 산업이 빠른 속도로 진화 발전하고 있어, 이 분야의 전문가라면 반드시 새로운 환경에 적응할 준비가 되어 있어야 한다는 점을 독자들에게 꼭 전달하고 싶다.

고객의 요구에 담긴 미묘한 의미를 읽어내고, 창의성과 혁신을 지속할 수 있는 능력에서는 머신이 단시일 내에 인간을 능가하지 못한다. 언제나 새로운 아이디어와 실험을 생각해내는 것은 머신이 아니라 인간이다. 퍼포먼스 마케터는 과거 유사한 캠페인에서 효과가 있었던 것을 잘 이해함으로써 머신러닝 시스템이 동일한 결론에 도달하기 위해 수행해야 하는 값비싼 실험을 건너뛸 수 있다. 인간의 경험을 활용할 수 있다면 생각보다 많은 시간과 비용을 절약할 수 있다.

PPC 머신러닝 인텔리전스라는 새로운 세계에서 승자는 기술의 진보를 이해하고 그것이 미칠 잠재적인 영향에 대한 빠른 결론을 내릴 수 있는 사람이 될 것이다. 성공적인 PPC 전문가는 자신이 광고하는 사업과 해당 사업에 영향을 미치는 동력들을 깊이 이해하는 사람이다. 이제 디지털 마케팅 머신러닝 시스템이 고유한 동력들을 통합해 더 나은 결과를 이끌어내는 방법을 이해해야 할 때다.

구글의 스마트 시스템이 하는 일은 실로 놀랍고 앞으로도 그럴 것이다. 하지만 우리는 구글의 최적화에 경탄만 하고 있을 것이 아니라 이를 뉴노멀로 받아들여야 한다. 자신의 전문 지식과 사업 데이터를 머신러닝 프로세스로 가져오는 것은 개인의 몫이다.

자동화 시스템은 빅데이터 집합에서 평균을 읽어내지만, 각 광고 계정에는 고유한 성향과 특성이 있다. 마케팅 캠페인을 운영하는 데 평균을 참고할 수는 있겠지만, 궁극적으로 자신의 상황에 고유한 동력이 무엇인지를 자세히 살피고 이를 활용할 줄 알아야 한다.

머신러닝 시스템이 의도한 대로 작동할 만큼 데이터가 충분하지 않은 때도 있다. 사람들은 빅데이터가 없는 때에도 실제로 꽤 좋은 결정을 내렸다. 사실 인류는 수천 년, 심지어 수백만 년 동안 그 일을 해왔고, 그것 자체가 인간 기술의 일부다.

공감 능력을 바탕으로 한 의사 역할도 마찬가지다. PPC 전문가는 고객의 사업과 그에 영향을 미칠 수 있는 요인을 깊이 이해하는 한편, 고객에게 필요한 솔루션을 효과적으로 전달할 수 있어야 한다.

또한 파일럿은 새로운 도구가 올바르게 작동하고 기대에 부응하는지 감독하고 모니터링하는 역할을 수행한다. 캠페인을 계속 진행하게 하려면 올바른 알림과 강력한 프로세스를 설정해야 한다. 항상 예상치 못한 상황을 대비해야 하며 경쟁 환경의 변화가 의미하는 바와 이에 대한 대응 방식을 빠르게 결정할 수 있어야 한다. PPC 전문가라면 공격적으로 대응해야 할 때가 언제인지, 방어적으로 지켜야 할 때가 언제인지를 직관적으로 파악해야 한다.

기술적 또는 정량 분석적 역량을 보유한 마케팅 전문가라면 미래의 PPC 머신러닝 시스템을 정의하고 개발하는 데 교사 역할을 수행할 수 있다. 머신러닝이 인간의 능력으로 파악하기 어려운 패턴을 발견해낼 수는 있지만, 결코 스스로 작동하는 마법과도 같은 시스템은 아니라는 점을 잊지 말아야 한다. 머신러닝이 제대로 작동하기 위해서는 결국 인간이 알고리즘을 구축해야만 하는 것이다.

PPC 전문가라면 최신 머신러닝 시스템을 개발하는 위치에 있지 않더라도 활용할 시스템과 범위를 이해하고 있어야 한다. 머신은 어떤 종류의 데이터를 보는지, 잠재적으로 어떤 종류의 질문에 답할 수 있는지를 알고 있어야 한다. 이제 전문가가 할 일은 고객의 고유한 사업 데이터에서 중요한 요인을 정의하고 이들 사이의 의미를 읽어내는 것이다. 그런 다음에서야 시스템은 사람이 직접 수행하기에는 불가능하거나 효율이 매우 낮은 입찰 관리, 타깃팅 등의 수많은 업무를 자동으로 수행한다. 인간이 교사 역할을 제대로 수행할 때 머신러닝 시스템이 제 역할을 다 할 수 있다.

이제 이 책을 통해 이해한 바를 여러분의 퍼포먼스 마케팅에 적용할 때다. 다양한 유형의 머신러닝 시스템으로 실험을 실행하고 특정 시나리오와 고객 유형에 대해 어떤 것이 더 나은 성능을 발휘하는지 이해할 수 있을 것이다. 이와 동시에 지속적으로 증가하는 자동화 도구를 고려하며 대행사 또는 컨설팅 프로세스를 재구축해나가야 한다. 무어의 법칙은 여전히 유효하고 앞으로도 성능 개선을 가속화할 것이기 때문이다.

PPC 대행사 또는 전문가라면 거의 대부분 전체 프로세스를 검토할 필요가 있다. 그래야 기존에 수동으로 수행했던 많은 작업이 더는 필요하지 않을 수 있다는 사실을 깨닫는다. 광고주에게 적합한 도구를 실험하고 도입을 결정하는 것은 전문가인 퍼포먼스 마케터에게 달려 있다. 두려워하지 말고 궁금하거나 다소 회의적일 수 있는 다양한 시스템을 사용해보기를 권장한다. 비록 지금 당장은 도구가 원하는 만큼 우수하지는 않을 수 있다. 하지만 지금과 같은 변화와 개선 속도라면 여러 가지 도구가 머지 않은 날 제대로 작동할 것이며 우리는 여기에 대비해야만 한다.

그런 다음 대행사의 가치 제안을 수립해야 한다. 이를 위한 첫 번째 단계는 당신과 당신의 팀이 어떤 역할을 가장 좋아하고 특별히 잘 해낼 수 있는지 이해하는 것이다. PPC 머신러닝을 프로세스에 가장 잘 통합할 수 있는 방법을 찾아내고 이를 서비스 판매 전략으로 설정하는 것이다. 가리 카스파로프가 지지하는 '인간 + 머신'의 시너지를 기반으로 한 가치 제안을 통해 더 많은 고객을 확보하고 더 많은 계정을 관리하는 기회를 갖게 된다.

이 책을 통해 여러 번 언급했듯이 퍼포먼스 마케팅 생태계는 빠르게 진화하고 있다. 나는 2017년에 이 책의 내용을 구상하기 시작했다. 몇 년이 지난 지금 많은 것이 변했다 하더라도 이 책을 통해 독자들에게 전달하고자 한 원칙은 근본적으로 여전히 유효하다. 최신 트렌드를 따라 잡는 데 도움이 필요하면 〈서치엔진랜드〉(https://searchengineland.com/author/frederick-vallaeys)에서 진행 중인 블로그 기사를 참조하기 바란다. 또 옵트마이저 웹사이트 블로그(https://www.optmyzr.com/blog/)에서 내 기사를 팔로우해도 좋다. 모쪼록 독자 여러분이 미래의 충격에 대한 두려움을 버리고, PPC 마케팅에서 새로운 시대의 머신러닝을 즐김으로써 성공적인 커리어를 쌓아나가기를 기원한다.

옮긴이의 글

구글의 인공지능 자회사인 딥마인드DeepMind가 만든 알파고와 대한민국이 자랑하는 불세출의 바둑기사 이세돌 9단이 기념비적인 대국을 가진 지도 벌써 5년이라는 시간이 흘렀습니다. 당시 구글에서 통신산업 매니저Telecom Industry Manager로 일하던 저는 한국 통신기업의 주요 임원들과 함께 대국이 열리던 서울 광화문 포시즌스호텔 현장에 있었습니다. 세간의 예상과 달리 알파고가 4승 1패의 압승을 거두면서 전 세계에 던졌던 충격이 아직도 온몸에 남아 있는 듯 생생합니다.

대국 이후, 인공지능이 곧 인간의 일자리를 상당 부분 대체할지도 모른다는 불안감이 온 사회를 뒤덮었습니다. 하지만 알파고가 바둑을 제외한 다른 분야에서는 별다른 능력을 발휘하지 못하는 것에서도 알 수 있듯이, 인공지능이 인간의 종합적인 능력을 대체하는 것은 SF 영화에서나 가능한 것이었습니다. 머지않은 미래에 인공지능의 능력이 얼마나 빠르게 향상될지 정확히 가늠하기는 어렵지만, 적어도 당분간은 인공지능이 인간을 대체하는 시나리오보다 인공지능과 인간이 협력함으로써 어려운 문제들을 해결해나가는 시나리오가 훨씬 더 현실적이라고 보아야 할 것입니다.

같은 맥락에서, 내 사업과 일자리가 인공지능에 의해 대체되면 어떡하나 걱정하기보다는, 내가 몸담고 있는 분야에서 더 큰 성공을 거두기 위해 인공지능을 어떻게 활용할 수 있을지 고민하는 것이 훨씬 더 현명한 자세일 것입니다.

단언컨대, 마케팅과 광고업계는 이러한 고민이 가장 빠르게 시작된 분야라고 할 수 있습니다. 1994년 미국의 통신기업인 AT&T는 세계 최초의 인터넷 배너광고를 게재한 바 있습니다. 매우 단순한 디자인과 클릭 유도 광고 문안으로 구성된 이 광고가 처음 게재되었을 때, 이 광고 담당자들은 25년이 흐른 뒤 전 세계 인터넷 광고 시장이 300조 원이 넘는 규모로 성장할 것이라고 상상할 수 있었을까요? 인터넷과 모바일이 예상보다 훨씬 빠른 속도로 우리 삶 깊숙이 스며든 것과 궤를 같이하여 광고 산업 또한 인터넷과 모바일로 그 기반을 빠르게 옮겨왔다는 것은 굳이 더 설명할 필요도 없는 주지의 사실입니다.

2020년 11월 11일, 광군제光棍節 하루 동안 알리바바는 무려 83조 원이 넘는 매출을 기록했습니다. 우리가 주목해야 할 것은 어마어마한 매출액 그 자체가 아니라, 매출을 위해 필요한 방대한 작업이 문제없이 처리되었다는 사실입니다. 알리바바의 인공지능 디자이너인 루반Luban은 초당 8,000개, 총 4억 개가 넘는 인터넷 배너광고를 생산해냈습니다. 마케팅과 광고업계에 종사하고 있는 전문가들은 이러한 현상을 어떻게 이해하고 받아들여야 할까요?

저는 이러한 고민을 갖고 있는 전문가이자 종사자로서 이 책을 번역하게 되었습니다. 번역을 마치고 출간을 준비하고 있는 지금, 저는 이 책에 담긴 내용이 마케팅과 광고업계의 전문가들, 마케팅과 광고의 미래에 대해 관심을 갖고 고민하는 모든 분께서 미래에 대한 소중한 통찰력을 얻을 수 있도록 할 것이라고 감히 말씀 드립니다.

이 책의 저자인 프레더릭 발레이스는 구글의 광고 플랫폼인 애드워즈를 있게 한 일등공신입니다. 이 애드워즈가 광고주, 사용자, 구글 모두에게 윈윈Win-Win의 기회를 가져다주지 않았다면, 구글은 물론이고 오늘날의 인터넷 광고 생태계 전체가 이만큼 성장하지 못했을지도 모릅니다. 네이버 검색의 점유율이 높은 한국에서는 이 애드워즈의 존재감이 다른 국가들의 그것에 다소 미치지 못할지 모르지만, 인터넷 광고 생태계의 본질을 이해하는 데 프레더릭 발레이스의 생생한 경험담을 통해 애드워즈의 역사를 되짚어보는 것은 매우 소중한 기회라고 할 수 있습니다.

이 책의 앞부분을 통해 지금의 애드워즈와 인터넷 광고 생태계, 여기에 적용되어온 인공지능과 머신러닝의 역사에 대해 깊은 이해를 할 수 있을 것입니다.

앞으로 다가올 미래, 특히 마케터로서 대비하고 맞이해야 할 미래에 대해 관심이 많은 독자라면 2부에 소개된 '디지털 마케터의 3가지 역할'에 주목할 필요가 있습니다. 첫째, 광고 계정의 히

스토리와 맥락을 정확하게 이해하고 진단할 수 있는 의사 역할, 둘째, 예상 밖의 상황을 인지하고 올바른 조치를 즉각적으로 취할 수 있는 파일럿 역할, 셋째, 머신을 적절하게 학습시킴으로써 목적 적합한 성능을 발휘하게 하는 교사 역할이 바로 그것입니다. 이러한 역할들은 과거의 마케터들에게 기대되던 역량과는 사뭇 다른 것으로 머신과 협업해 더 큰 성과를 창출하기 위해 반드시 필요한 새로운 종류의 역할입니다. 시장에서 인정받는 마케터가 되거나, 내 사업에서 성공적인 마케팅을 수행하기 위해 필요하고 소중한 인사이트를 얻으실 수 있을 것입니다.

3부에서는 개인 마케터가 아닌, 디지털 광고대행사의 새로운 포지셔닝에 대한 전략적 조언을 얻을 수 있습니다. 작금의 큰 변화 속에서 대부분 광고대행사는 새로운 포지셔닝을 위해 많은 자원과 노력을 투입하고 있는 것이 현실입니다. 성공적인 트랜스포메이션을 고민하고 있는 디지털 광고대행사의 경영진들에게 매우 소중한 조언들이 담겨 있습니다.

저는 2013년부터 2020년까지 구글에서 일하는 동안, 유튜브라는 플랫폼이 성장함에 따라 자신만의 콘텐츠를 가진 사람이라면 누구나 쉽게 영상을 만들고 공유하는 마법과도 같은 변화를 관찰할 수 있었습니다. 그런데 놀랍게도, 최근에 와서는 다양한 커머스 플랫폼을 통해서 자신만의 제품을 가진 사람이라면 누구나 쉽게 제품을 판매하고 브랜드를 만들어나가는 모습을 관찰하게 되었습니다.

이를 통해 지난 수년간 '유튜버들의 전성시대'가 새로운 기회를 만들어냈다면, 앞으로 수년간은 '셀러들의 전성시대'가 펼쳐질 것이라는 강한 확신을 갖게 되었습니다. 그리고 이 셀러들에게 최고의 무기이자 경쟁력은 다름 아닌, 디지털 퍼포먼스 마케팅 역량이 될 것이라고 생각합니다. 이제 기업이든 개인이든 무언가를 팔고자 한다면, 머신과 협력해 더 큰 성과를 만들어내는 퍼포먼스 마케팅 역량을 갖추는 것이 무엇보다 중요하게 될 것입니다.

이 책을 읽는 모든 분이 책의 내용을 통해 과거의 역사에서 배우는 동시에 여러분만의 빛나는 미래를 꿈꾸고 설계하는 데 필요한 조언들을 얻으시기 바랍니다. 저의 부족한 번역이 저자와 독자 사이의 거리를 좁히는 데 조금이나마 기여할 수 있다면, 그것으로 이 책을 번역한 충분한 보람이 될 것입니다. 감사합니다.

2021년 여름

김천석

인공지능을 이기는
디지털 마케팅

지은이 | 프레더릭 발레이스
옮긴이 | 김천석

이 책의 편집과 교정은 박상순이, 출력·인쇄·제본은 도담프린팅 박황순이 진행해 주셨습니다. 이 책의 성공적인 발행을 위해 애써주신 다른 모든 분들께도 감사드립니다. 틔움출판의 발행인은 장인형입니다.

초판 1쇄 인쇄 2021년 9월 15일
초판 1쇄 발행 2021년 9월 29일

펴낸 곳   틔움출판
출판등록   제313-2010-141호
주소   서울특별시 마포구 월드컵북로4길 77, 353
전화   02-6409-9585
팩스   0505-508-0248
홈페이지   www.tiumbooks.com

ISBN 979-11-91528-03-9 03320

잘못된 책은 구입한 곳에서 바꾸실 수 있습니다.

틔움은 책을 사랑하는 독자, 콘텐츠 창조자, 제작과 유통에 참여하고 있는 모든 파트너들과 함께 성장합니다.